权威·前沿·原创

皮书系列为
"十二五""十三五"国家重点图书出版规划项目

汽车工业蓝皮书

BLUE BOOK OF
AUTOMOTIVE INDUSTRY

中国汽车零部件产业发展报告
（2018~2019）

ANNUAL REPORT ON THE DEVELOPMENT OF CHINESE
AUTOMOBILE PARTS INDUSTRY (2018-2019)

主　编／中国汽车工业协会
　　　　中国汽车工程研究院股份有限公司

社会科学文献出版社
SOCIAL SCIENCES ACADEMIC PRESS（CHINA）

图书在版编目（CIP）数据

中国汽车零部件产业发展报告 . 2018 - 2019 ／ 中国汽车工业协会，中国汽车工程研究院股份有限公司主编 . -- 北京：社会科学文献出版社，2019. 12
（汽车工业蓝皮书）
ISBN 978 - 7 - 5201 - 5677 - 6

Ⅰ. ①中… Ⅱ. ①中… ②中… Ⅲ. ①零部件 - 汽车工业 - 产业发展 - 研究报告 - 中国 - 2018 - 2019 Ⅳ. ①F426. 471

中国版本图书馆 CIP 数据核字（2019）第 222498 号

汽车工业蓝皮书

中国汽车零部件产业发展报告（2018~2019）

主　　编／中国汽车工业协会
　　　　　中国汽车工程研究院股份有限公司

出 版 人／谢寿光
责任编辑／宋　静

出　　版／社会科学文献出版社·皮书出版分社（010）59367127
　　　　　地址：北京市北三环中路甲 29 号院华龙大厦　邮编：100029
　　　　　网址：www. ssap. com. cn
发　　行／市场营销中心（010）59367081　59367083
印　　装／天津千鹤文化传播有限公司

规　　格／开　本：787mm×1092mm　1/16
　　　　　印　张：17　字　数：225 千字
版　　次／2019 年 12 月第 1 版　2019 年 12 月第 1 次印刷
书　　号／ISBN 978 - 7 - 5201 - 5677 - 6
定　　价／128.00 元

本书如有印装质量问题，请与读者服务中心（010 - 59367028）联系

《中国汽车零部件产业发展报告（2018～2019）》编委会

摘　要

　　《中国汽车零部件产业发展报告（2018～2019）》是关于中国汽车零部件产业发展的年度研究报告，自2016年首次出版后持续出版，本书为第四本。本书是由中国汽车工业协会和中国汽车工程研究院组织编撰，集合了整车企业、零部件企业、中汽协会各零部件分支机构、大专院校和有关政府部门众多行业管理者、专家和学者的智慧，是一部较为全面论述中国汽车零部件产业发展的权威著作。

　　在世界经济贸易形势紧张、汽车市场出现拐点的背景下，汽车零部件产业面临越来越激烈的市场竞争。为适应经济全球化新形势，我国出台了一系列举措加大国内汽车市场开放力度，扶持企业更快更好地进入国际市场。同时，国内外汽车产业整合越发频繁，优胜劣汰更加明显，促使国内汽车零部件企业加快转型升级步伐；"新四化"变革，推动了汽车零部件产业与绿色低碳、互联网、人工智能、大数据等技术不断融合。在此背景下，我国汽车零部件产业如何应对新形势挑战，尽快与国际接轨、迎接国际零部件巨头的竞争挑战等问题已成为零部件行业的重要难题。

　　本年度报告以"中国品牌零部件全球化发展战略研究"为主题，对新形势下零部件产业发展进行了全面的分析和系统的阐述。本书包括总报告、产业篇、企业篇、子行业篇、热点篇、专题篇及附录等。

　　总报告综述了我国汽车产业发展面临的新形势，总结了我国汽车零部件产业的发展现状、问题和趋势，并提出了发展建议。

　　产业篇宏观描述了全球汽车零部件产业在营收格局、企业利润水平、技术研发、投资布局等方面的发展动态，描述了中国汽车零部件

产业在政策体系、市场规模、技术研发、投资并购等方面的发展特征。

企业篇对现代摩比斯、法雷奥、佛吉亚和舍弗勒等四大零部件跨国公司的全球发展、在华业务布局、在华重点产品及在华未来发展战略等内容进行了详细研究，对重庆凯瑞动力的技术驱动转型升级、未来发展战略、创新发展经验等内容进行了详细阐述。

子行业篇深入剖析了驱动电机、毫米波雷达、智能座舱及离合器池等四大子行业领域的发展现状及趋势，对产品技术及市场规模进行深入研究，并提出了各行业的问题及发展建议。

热点篇对智能制造的政策支持、技术发展、行业应用现状和趋势进行了详细梳理，并针对现阶段存在的主要问题提出了建议。

专题篇深入研究了中国品牌汽车零部件全球化现状及存在的问题，梳理了现阶段发展重点，从政府和企业两个角度提出了相关建议。

纵观全书，既有丰富的汽车零部件产业素材支撑，又具备相当的研究广度和深度，有助于广大读者全方位了解中国汽车零部件产业发展态势，对汽车产业管理部门、行业机构、地方政府、企业决策及战略研究具有重要的参考价值和借鉴意义。

目 录

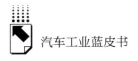
Ⅴ 热点篇

Ⅵ 专题篇

Ⅶ 附录

皮书数据库阅读**使用指南**

总　报　告

General Report

B.1
新形势下的中国品牌汽车
零部件发展形势及展望

摘　要：　随着汽车行业整体技术水平与研发能力的不断提升，
中国汽车零部件产业不仅与国内整车厂形成了完整的
产业链，而且在全球汽车配套市场扮演了越来越重要
的角色，中国成为全球最主要的汽车零部件制造与贸
易国之一，全球化、国际化的步伐不断加快。近年来，
国际巨头汽车零部件企业分割或出售传统业务，转向
在新能源、智能网联等新兴领域进行技术研发和战略
布局，这给国内传统汽车和零部件企业通过投资并购
获得技术升级提供了有力支持，部分大型汽车零部件
企业借此完成了其国际化战略布局。另外，新能源汽
车和智能网联汽车零部件，在政策、市场和技术的有
力推动下得到了迅速发展。本报告分析了我国汽车零

部件产业发展的内外部环境、发展现状和问题，并提出了相关建议。

关键词： 零部件　国际化竞争　战略布局　中国品牌

一　面临的主要形势

（一）经贸环境趋于紧张

2018年，世界经济贸易增速放缓。"逆全球化"思潮再次兴起和贸易保护主义日趋严重，全球大部分经济体在2017~2018年的短暂"恢复繁荣期"后，2019年经济增速回落成为大概率事件。大国间经贸纷争加剧，全球经济增长放缓，金融市场波动及发达国家货币政策趋紧等多因素拖累了2018年全球贸易增长，也使2019年和2020年的世界贸易增长面临强劲逆风。世界形势面临诸多不确定不稳定因素，多边主义和自由贸易体制受到冲击，促使发达国家大力推动产业回归和资本回流，全球产业格局或将开启新一轮调整。2008年金融危机前后，国际产业加速向我国转移，使我国快速形成出口能力；当前，发达国家转向大力推动"产业回归"和"再工业化"，部分产业向发达国家回流，其他新兴经济体制定优惠政策吸引产业转移并加快产业升级，国际招商引资竞争更加激烈，我国在内外部压力下大规模承接国际简单制造业产业转移速度已明显放缓，出口订单和产业向外转移加快，从跨国公司直属工厂蔓延到代工厂和配套企业，从劳动密集型产业发展到部分资本技术密集型产业。

中美贸易摩擦不断，对中美汽车产业影响至深。贸易摩擦产生伊始，双方政府就针锋相对地提高了汽车及汽车零部件关税。零部件领域，我国以跨国公司配套企业为主的汽车零部件进出口贸易受中美贸易摩擦影响较小，但海外业务营收占比较大且主要依赖出口，无海外生产基地的中资中小零部件企业已经在修正市场与生产基地规划，以抵御贸易摩擦的冲击。此外，中美经贸关系波动对过于依赖美国芯片的汽车电子领域造成不利影响，如果中美贸易关系进一步恶化，对中国品牌整车、零部件企业的国际化发展战略，尤其是北美战略实施将带来不利影响，一方面，中国企业面临高昂的投资壁垒需要审慎评估北美的投资风险；另一方面，中国企业整合美国零部件领域技术和人才的难度将加大。总体而言，美国挑起贸易冲突的主要目的是企图遏制汽车产业资本从美国大幅流出，保留北美就业和产业体系，同时极限施压限制我国汽车工业由大转强。不管未来中美经贸关系态势如何变化，中美贸易冲突将对中国汽车产业发展战略、发展形态、发展重点产生深刻影响，对中美汽车产业乃至全球汽车工业的产业构造、产业链条、产业布局产生深刻影响。

（二）汽车市场迎来拐点

全球汽车市场正迎来拐点，或结束中美欧三大引擎普遍增长阶段，转入存量竞争阶段。数据显示，2018 年为 2009 年起全球汽车市场销量首次出现同比下滑，由于中国占全球车市的 30%，因此 2018年中国的销量下滑对于全球市场的影响甚大；受中美贸易摩擦的影响，中国车市销量下滑 2.8%，美国也是下滑了 0.2%。另外面对欧洲种种不稳定性，例如英国脱欧，以及更严峻的环保法规，也导致整个欧洲市场销量下滑 1.1%。印度、巴西以及俄罗斯的恢复性增长是否能补足中美欧的同时下滑难度极大。长期以来，由于全球主要车企均以世界市场规模扩大为前提新建工厂，增速下滑导致可争夺的市场份额更为有限，优胜劣汰更加明显。随着全球经济增长放缓，贸易争端四起，2018 年或许只是一个阶段的开端，未来汽车市场的竞争形

势将更趋严峻。

2018 年，国内汽车市场出现了 28 年来的首次负增长，整体下滑趋势在 2019 年仍在延续并不断加剧。中国汽车工业协会数据显示，2019 年 1～5 月，汽车产销分别完成 1023.7 万辆和 1026.6 万辆，产销量比上年同期均下降 13%。中国国内汽车市场低迷，降低汽车进口关税、取消汽车行业外资股比限制、国五切换国六等政策实施，必将激发中国汽车产业创新活力，倒逼中国汽车产业加快转型升级，提质增效，改变中国汽车产业的竞争态势。全面放开整车股比限制进入实质化操作阶段，国内整车市场国际化进程加快，整车企业对零部件技术的要求会越来越高。此前受合资关系影响，多数自主零部件企业（非核心领域）以关系型居多，在股比放开政策的推动下，关系型企业会逐步减少，实力型企业将明显获益。诸如宁德时代、精进电动等新兴领域的自主领军企业会更易被培养成重大龙头企业。现阶段，国内汽车零部件行业出口贸易中，以劳动密集型、中低技术含量传统产品为主，高技术含量零部件虽有一定进展，但关键领域和关键技术仍受发达国家零部件企业控制。新政策对"鲶鱼"的引入，将激活大国企、大集团的发展动力，激发创新要素，促使汽车整体行业的自主创新和转型升级。

（三）产业整合越发频繁

汽车零部件市场规模保持增长，龙头企业受益较多，营业收入和利润保持增长。汽车整车产业近十年的快速发展带动了汽车零部件产业规模的持续扩大，国内零部件企业数量持续上涨。规模以上大中型企业的出现以及较为充足的资金支持，为企业进行大规模并购整合提供了有力支持。另外，规模以上企业对产品、技术及品牌提升的需求促使企业整合优质资源。我国零部件产业虽然规模发展迅速，但技术研发水平整体依旧落后于国际零部件产业，在发展遇到瓶颈的状态下，国内汽车零部件企业需要技术研发及创新作为突破口。相对于自身加大研发投入而言，并购整合拥有先进技术有利于节约时间成本，获得国内大型零部件企业的青睐。近些年国际知名汽车零部件企业转型新能源、新技术方面，对传统业务的逐渐松手，也为国内汽车零部件企业整合并购国际优质资源提供了良好时机。

在国内汽车市场低迷的背景下，汽车零部件市场中低端产品竞争越趋严峻，产能过剩现象严重，产业结构面临调整。数据显示，2018年国内汽车零部件企业盈利水平下滑，亏损额比上年同期增长48.2%，尤其是中小企业的生存状态不容乐观。近些年外资零部件企业在中国加速扩张，利用资金和技术的优势，占据了中国传统零部件制造业的重要地位和主要市场，攫取了巨大的利润，也挤压了本土零部件企业的生存空间。另外，我国正在促进汽车行业调整升级，鼓励研发制造高质量、高技术水平的自主品牌汽车，对新能源汽车保持着较大的扶持力度。一系列汽车产业政策的发布，无疑对零部件产业提出了更高的要求。整体上看，我国大量中小规模汽车零部件供应商的行业内兼并将会增多，资源将逐渐向头部企业集中。

（四）技术变革加速转型升级

随着汽车与绿色低碳、互联网、人工智能、大数据等技术不断融合和相互渗透，世界各大汽车零部件企业纷纷在新能源、智能网联等新兴领域进行技术研发和战略布局。近年来，博世、德尔福、大陆等国际零部件巨头对传统领域业务进行了分拆或出售，将传统零部件业务和潜力更大的汽车"四化"技术分立开来，为涉足自动驾驶、车联网等新兴领域做足准备。汽车行业电动化、智能化、网联化是发展趋势，新的趋势必然需要新的技术，促使各大零部件厂商不得不弱化对"传统领域"的重视，把目光放在新能源、智能化以及相关衍生产品上来。行业已达成共识，由各国政策主导，车企牵头，各大零部

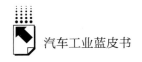

件厂商推动，ICT 互联网企业跨界竞争的转型变革趋势已经形成。

汽车行业的转型推动了零部件领域新势力的崛起，为我国零部件产业进入国际市场提供了良好时机。我国新能源汽车产业快速发展，与汽车产业的转型升级相叠加，助推了国内动力电池行业发展，电池巨头宁德时代在品牌力、产品力、客户覆盖范围等方面已经具备全球竞争力。另外，国际零部件巨头对传统零部件领域的弱化，带给了中国品牌零部件企业更多的技术合作空间和技术提升机遇。全球汽车"新四化"变革在加速，中国正是这场变革的重要参与者，国内新能源汽车市场的繁荣发展以及汽车"新四化"提供的"换道超车"机会似乎不仅限于整车生产领域，未来中国汽车产业的变革或许将从零部件企业开始。

二 发展现状、存在的问题及趋势

（一）产业政策趋于完善，行业盈利空间收窄

多项产业政策发布，助推汽车零部件行业健康成长。传统内燃机汽车需要汽车零部件超过 2 万个，而这些零部件又涉及不同的行业和领域，在技术标准、生产方式等方面存在较大的差距。目前，国家对汽车零部件制造业相关的政策主要分布于汽车产业的相关国家政策当中。《"十三五"汽车工业发展规划意见》《汽车产业中长期发展规划》等政策的分布，旨在落实建设制造强国的战略部署，推动汽车强国建设。

在我国汽车产业发展低迷的背景下，2018 年零部件行业市场总体规模呈现稳定增长态势。截至 2018 年底，根据对 13019 家规模以上汽车零部件企业的统计，全年累计主营业务收入为 3.37 万亿元，同比增长 4.2%；利润总额 2506 亿元，下降 2.27%；亏损额增长明

显，比上年同期增长48.2%。从136家上市公司2018年业绩来看，整体营收规模增速和整体盈利水平均下降，营业收入同比下滑企业占比接近30%。受汽车行业下行压力持续加大，上游原材料价格上涨，以及物流、汇率等多方因素的影响，短期内我国汽车零部件市场的盈利水平不容乐观。传统汽车零部件企业正处于关键转折点：新一轮的科技革命技术驱动汽车的转型升级，同时重新定义产品形态，这使各个零部件供应商，包含在制造体系内的企业均须实现转型升级，实现全面创新，进行产业生态的全面转型。

（二）"中国制造"转向"中国智造"，技术突破仍是关键

智能制造及大数据技术在企业的推广实施，正在加速汽车零部件产业的提档升级。汽车产业进入平稳增长期后，汽车零部件市场的竞争将越来越激烈，在此背景下，汽车零部件企业不仅需要继续关注效率、品质和成本，同时还需要迎合整个制造业大趋势，探索和实践"智能制造"，在"自动化—数字化—智能化"的道路上循序渐进。近年来，美国、德国、英国、日本等发达国家纷纷实施了以重振制造业为核心的"再工业化"战略，颁布了一系列以"智能制造"为主题的国家计划，促进制造业与智能制造技术的不断融合，我国政府也不断加大产业扶持力度，如《中国制造2025》中将智能制造作为主攻方向。然而目前我国工控系统、智能制造等关键技术装备和软件对外依存度高，自主化产品市场占有率偏低，体系建设尚未完成，市场的成熟尚待时日。智能制造市场的成熟需要政府组织力量来研究推进，还应把握好政策干预的方式与程度，与企业经营活动相匹配。现阶段，智能制造相关高层次、高技术人才的教育培养与产业部门缺乏有效的衔接，建议完善智能制造高技能人才培养机制，深入推进产教融合、校企合作，加快出台相关条例，为产教融合培养人才提供制度保障。在企业层面，国内企业需提升抗风险能力、配

套产业技术的自主创新和研发能力，以改变此行业高端技术受控于国外企业的局面。

（三）全球化发展初见成效，国际拓展道路坚且阻

在保护主义抬头、经贸摩擦持续等阴云笼罩下，我国汽车及零部件产品贸易、海外投资并购保持良好态势，说明中国零部件在国际市场具有一定的认可度。在产品贸易领域，我国零部件出口的产品仍以品牌附加值低、性价比高的产品为主，以零部件及功能件为主体的出口产品体系正在形成。虽然高技术含量的产品出口有所发展，如发动机整机，但很难进入跨国公司采购体系，在国际市场的话语权有待提升。在海外投资领域，国际零部件供应商巨头因全球传统汽车市场的不景气而纷纷转型，出售或分割传统业务，这或为中资零部件企业通过投资并购创造了良好条件。均胜电子、潍柴动力等国内巨头零部件企业，有赖于近年来业务提升积累了大量资金，在海外投资并购市场表现活跃，通过对国际一线企业业务的并购来提升企业行业竞争力，进入主流外资厂商的配套体系，初步完成了全球化战略布局。部分大型零部件企业在布局海外生产基地的基础上，积极建立海外研发中心，进一步提升自身全球研发、配套和生产能力，逐渐从"以产品出口为导向"向"以价值链优化为导向"的阶段转变。

整体上来看，我国汽车零部件企业全球化发展仍处于初级阶段，企业的海外发展受到诸多限制。我国是汽车零部件的"制造大国"，但依旧不是"制造强国"，国内大部分零部件企业的国际化发展缓慢，全产业链的国际化战略布局仍需政策的有效引导和支持。在全球经贸形势不确定、发达国家对制造业回流重视、新兴国家的产业竞争优势凸显等因素影响下，中资企业在国际市场投资阻力加大，投资后的融合效果与预期差距较大，海外投资风险管理仍待完善。在全球化采购体系下，中国汽车零部件企业的成本优势逐渐减弱，技术和品牌

优势的形成尚待时日，企业在国际市场话语权不够，很难与国际汽车零部件企业同等竞争。我国汽车零部件企业全球化战略目标的达成，以及在全球产业分工和价值链地位的提升，仍需政府健全法规政策体系，以创造良好的外部发展环境和内部营商环境；需要企业在可行的国际化战略指引下，注重提升企业经营管理能力、品牌建设能力和技术自主创新能力。

（四）驱动电机发展迅速，与国际接轨将是主基调

新能源汽车市场的快速发展是整车市场中少有的亮点，催生出巨大的电机需求市场，带来了产业的发展壮大。中国汽车工业协会数据显示，2018 年我国新能源汽车产销量继续保持大幅增长，受此影响2018 年中国新能源汽车电机出货量为 141.78 万台，同比增长达50.8%。在市场竞争格局上，自主驱动电机占据国内市场的绝对主体地位，配套比例在 95% 以上，且前十位电机配套企业总出货量占比超过七成。国内大部分电机电控企业主要依靠新能源商用车市场起步和发展，目前，新能源汽车驱动电机具有较大的发展潜力、较大的政策扶持力度和尚未成熟的供应链，势必会吸引更多的整车厂、独立电机企业、外资电机品牌等的加入，新能源汽车电机市场格局尚未固化。

经过 15 年的发展，国内已经具备了满足新能源汽车要求的驱动电机和电机控制器的研发和制造能力，产能已经实现自给，部分产品的技术水平与国外基本相当。在驱动电机领域，我国自主开发的永磁同步电机、交流异步电机和开关磁阻电机已经实现了整车产业化配套，功率范围满足新能源汽车需求，功率密度、效率等指标达到国际水平。在电机控制器方面，日本、美国和欧洲一直处于领先地位，我国电机控制器技术起步较晚，使国内电机控制器的功率密度水平和国外量产的产品比较存在差距。在电驱动总成技术领域，以大陆、麦格

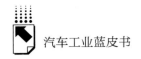
纳、吉凯恩、西门子等为代表的国际电驱动系统集成商，推出了一系列总成产品，国内应用于乘用车的电驱动一体化总成已经研发成功。驱动电机技术发展趋势主要有永磁化、数字化及集成化，其中，电机永磁化符合电机驱动系统高效率的需要，我国丰富的稀土资源也使电机永磁化具备得天独厚的优势；数字化和智能化与电机控制器的关联度最高，包括驱动控制的数字化和驱动到数控系统接口的数字化，还包括测量单元数字化；而集成化则包括机电集成和电力电子控制器集成两个方面。从全球范围来看，德国、日本、韩国的电驱动系统实力强劲，国内企业、高校和研发机构加大了电驱动技术研发投入，高性能硅钢、磁钢、IGBT器件等关键材料和关键器件推出了国产化产品，与国际技术水平的差距正逐渐缩小。

我国新能源汽车从关键零部件到整车的完整工业体系和创新体系已经形成，推动与国际先进水平接轨将成为我国新能源汽车产业发展今后时期的主基调，也决定了新能源汽车零部件发展的格局和方向。随着国家合资股比限制放开，更多的国际企业将加入对现有市场和资源的争夺，加之原材料价格的波动，如何持续降低产品成本，提升盈利水平，保持市场竞争力，考验着国内大部分汽车零部件企业。驱动电机作为新能源汽车核心关键零部件，获得了良好的发展契机，建议我国驱动电机研发和生产企业积极探索多种模式的合资合作，持续技术攻关与工艺突破，并与整车企业合作加快技术的验证和迭代等，以促进驱动电机产业的进一步发展。

（五）毫米波/激光雷达等高精度传感器产业化进程仍待突破

在政策、市场及技术等多重因素的推动下，毫米波雷达作为汽车环境感知的标配传感器，伴随着ADAS和无人驾驶的发展得到了快速推进。在政策方面，近年来，美国、日本、欧洲等发达国家和地区将自动驾驶确定为未来交通发展的重要方向，在技术研发、道路测试、政策法规等方面提供大力支持，中国也相继出台了相关行业支持政策；市场方面，现阶段处于被国外供应商垄断的局面。据研究机构预测，毫米波雷达市场需求将进入快速上升通道，2022 年的全球市场规模预计将达到 160 亿美元。但由于国际一级汽车零部件供应商的技术积累较深，占据了国内外市场的主导优势。在技术方面，车载毫米波雷达的研究主要在以德国、美国及日本为代表的一些发达国家内展开，目前技术主要由博世、大陆、电装、奥托立夫、德尔福等传统零部件巨头所垄断。

相比而言，车载毫米波雷达在国内仍属于起步阶段。国内毫米波雷达产品在多方面较为落后：国内已有 24GHz 雷达的研发成果，市场化产品即将问世；国内只有极少数企业能做 77GHz 雷达的样机，加之国际上对我国高频毫米波雷达芯片的禁运管制，发展仍属于初级阶段且进展缓慢；国内产品在精度、距离等方面仍具有不小的差距。在产业层面，我国与国际优势国家相比主要差距集中在：测试评价体系不完善，成本控制困难，产品一致性差，专业人才严重缺失等。毫米波雷达产业的发展需要政府完善顶层设计和政策文件，推动军民融合，协同创新合作，引导企业和研发机构对各阶段制约产业自主发展的应用技术进行攻关，力争补齐短板，全面推进毫米波雷达产业化进程。

（六）智能座舱与其他产业的融合发展是关键

随着智能汽车的发展，除了车联网、自动驾驶外，"智能座舱"概念也随之成为汽车行业新宠。在最近的车展和 CES 展会上，主机厂、零部件供应商、半导体厂家都推出了智能驾驶舱方案或新技术，如大众途锐的数字化驾驶舱 Innovision Cockpit、佛吉亚的未来座舱、哈曼的智能座舱解决方案等。智能座舱发展时间较短，市场竞争格局相对分散，主要参与者包括国际传统整车厂和一级供应商，HUD、

中控屏、仪表等单一系统的中小公司。国内外主要的技术差距表现在：驾驶舱软硬件主要体现在路线图规划上；显示屏技术体现在产品品质上，但差距在逐渐缩小；人机交互是国内外最主要的技术差距点，目前智能座舱行业发展较为成熟的是语音、手势交互应用，如何实现交互智能化以及扩展到车与外界的交互仍是现阶段的研究重点。

智能座舱的产业结构并非线性，而是趋向于跨界、融合、集成的网状结构。上游零部件企业寻求后向一体化，而整车厂寻求前向一体化，独立研发算法和智能硬件，互联网公司倾向与传统整车、零部件企业进行深度合作，共同推出智能座舱整体解决方案。从应用角度来看，近期国内智能网联汽车技术仍处在以研发 ADAS 零部件系统为重点的阶段，网联化技术的实质应用并不多，随着 5G 通信和 LTE – V 技术的普及，网联化技术将逐步在智能网联汽车零部件领域得到广泛应用。从集成发展角度，随着智能网联汽车智能化和网联化程度提高，相关零部件集成发展的趋势愈加明显。从行业融合角度，智能座舱市场可容纳众多产业企业竞争，智能座舱零部件需要应用很多互联网、通信及卫星导航等其他行业技术，与其他产业融合将是大势所趋。

（七）离合器行业发展更为严峻

汽车自动化、电动化、智能化的快速推进，给汽车产业带来了新的技术变革浪潮，同时也使离合器行业及企业面临新的商机和挑战。离合器行业受到自动离合器市场需求快速上升、手动离合器配套数量快速下降的严峻挑战，转型升级成为紧迫之事。智能化与新能源是中国汽车产业未来发展的两大战略机遇，传统离合器企业需要适应潮流，拥抱变化，积极开阔自身视野，主动谋求出路，通过技术储备、投入资源、提升研发等方式跨过新技术的门槛，实现核心技术的突破，努力开发新技术、新产品，向高新技术逐步迈进，进而实现企业的转型发展。

国内的汽车离合器企业主要围绕发动机及汽车整车企业分布，形成一定的产业集群，具有一定的区域性特征。国内的主要汽车离合器技术是在"七五""八五"期间通过引进国外技术和设备，消化吸收后发展起来的。经过数十年发展，我国离合器企业实力有了显著提升，技术落后的现状逐步改变，但在自动变速器领域，大部分产品仍处于外购状态，外资占据绝大部分市场的局面依旧存在。国内汽车离合器发展的主要问题体现在：基础研究、制造技术和工艺水平有所提升，但技术水平依旧落后，前沿技术领域被国际企业垄断；国内企业生产环节的自动化水平较低，生产效率不高，在大批量生产下保证产品高质量、高性能、高精度及其一致性等方面仍需努力提升；国内离合器企业与整车企业的协同创新体系不够完善；企业信息化程度需要提高等。面对汽车"新四化"对传统制造业的挑战，部分有实力的离合器企业已经开始改变思维，加大技术研发投入，学习新技术、新材料，开发新产品，建立新的试验标准，加快整合资源，调整布局，努力寻求转型发展之路。

三　相关建议

（一）优化产业发展环境

政府要积极推进体制机制创新，完善汽车零部件产业政策，为企业的成长提供良好政策环境。首先，积极推进企业改革，加快现代企业制度的建立落实，为企业发展创造公平与效率兼备、有活力的、完善的市场经济制度环境，以塑造、培育和扶植本国品牌的市场基础；其次，努力打破壁垒和制度障碍，健全国内市场体系，健全和维护市场交易规则和秩序，使我国企业在内外竞争机制的共同作用下，通过

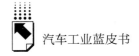

优胜劣汰依靠自身能力的提升成长为大企业集团，培育出一批国际品牌；再次，完善法律法规体系和执法监督体系，并加大执法力度，严厉打击对企业的商誉、知识产权、专利技术等方面的侵权行为，创造有利于企业发展的良好法律环境，维护企业的合法权益，进而保护和提高整车和零部件企业发展积极性；最后，不断完善汽车零部件产业科技创新生态系统，为汽车零部件产业的技术创新营造良好环境。

改善贸易环境，降低贸易成本。第一，通过实际行动消除贸易合作国的误会与分歧，并扎实推进双边投资、贸易保护协定的商签，消除投资和贸易壁垒，促进双边投资和贸易的便利化，构建良好贸易环境。第二，建立政府部门间协调工作机制，加强宏观协调。建议政府牵头创立协调、预警、应急、服务和磋商五大机制，强化其功能，保障中国海外公民安全、海上贸易安全以及原料供应和能源供应渠道畅通等。第三，建立健全海外投资法律法规，使境外企业投资行为有法可依，以保障中国对外投资企业的合法权益。

（二）多形式拓展国内外市场

积极推动多形式合资合作。随着国家放开对合资企业股比限制，更多的国外整车企业、零部件企业和关联企业将通过合资合作方式进入中国，我国汽车市场多样化将更加明显，产业和资源的竞争会继续加剧，必然面临更为复杂的发展与合作形势。集团化企业的多元化布局可以有效降低单一市场的波动风险，而借势而为、加速并购、积极拥抱新兴技术领域也成为汽车零部件企业提高市场竞争力的主要举措。同时，建议与国内外知名汽车零部件企业进行多途径、多方式的合资合作，以提升自主设计和制造能力、技术研发水平等来实现对汽车零部件市场的掌控。

推动企业之间建立优势互补、利益共享发展联盟。战略联盟是企业在长期跨国经营发展过程中形成的一种有效的资源互补、优势互补发展，合力以共同应对多变的市场竞争环境的组织模式。中国汽车零部件企业当前处于对外投资发展的初级阶段，应加强协同合作，增强自身的竞争实力。中国汽车零部件企业可以寻求与发达国家企业或国内企业相互参股或达成战略联盟，联合进行对外直接投资，实现优势互补，避免无序竞争。此外，中国汽车零部件企业对外投资不只是资本和产品的输出，也是带动整个汽车产业链内各相关产业分工体系的国际转移。中国汽车零部件企业对外投资过程中应加强上下游相关产业协同，联合拓展海外市场，形成规模经济优势，降低单一企业对外直接投资所面临的个体风险。

（三）以自主创新为驱动，以品牌创新为核心

加强技术攻关，建立健全行业技术创新体系。技术创新能力成为在竞争中取胜的关键。国际大型零部件企业已经参与到整车厂的同步开发设计中，根据整车需要供应系列化、模块化的配套产品。相对而言，国内汽车零部件企业与整车企业的协同创新体系不够完善，需要加快建立和完善适应转型升级要求的技术创新体系；积极开展与高等院校、科研院所技术合作交流活动，针对技术发展特点，组织关键技术和共性技术难题的联合攻关，鼓励关键汽车零部件研发技术共享，加快实现科研成果的产业化转换；加大企业的技术研发投入，提升企业的自主创新和技术研发能力。

注重企业品牌战略的实施和管理。在全球经济一体化的过程当中，竞争已经不再是企业之间的竞争，而是产业链之间的竞争。政府应在鼓励企业做好营销传播的同时，制定中国制造业品牌建设和传播的国家战略，并把这一传播战略纳入国家形象传播的总体部署中，进行顶层设计和统筹规划，提出符合中国制造业发展战略的品牌传播战略。中国汽车零部件企业品牌要"走出去"，要赢得尊重，必须踏踏实实地经营，长期投资，大力投入，注重国际品牌的全方位塑造。企

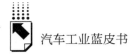

业品牌建设是一个系统工程，需要精心策划的国际品牌定位和多层面多角度的传播策略。另外，企业需要加强品牌战略管理，将品牌的建设和维系提升至战略高度，建立清晰的品牌发展战略，以牢固的品牌形象来获取长久利润和竞争优势。有效的品牌战略管理是企业品牌战略的成败关键。现阶段，我国虽然是汽车和零部件生产大国，但本土零部件企业主要供应中国品牌车企，且被替代的可能性较高。中国品牌低成本优势逐渐丧失，生存空间受到更多挤压，必须进行深层次的转变，汽车及零部件企业品牌建设与管理已经进入攻坚阶段。

产 业 篇

Industry Reports

B.2
2018年全球汽车零部件产业发展报告

摘　要：　2018年，面对欧洲、中国以及美国汽车市场增长停滞，全球整体轻型车销量下降0.5%至9480万辆。受整车市场影响，全球汽车零部件供应商营收虽继续增长，但增幅收窄。制造工艺创新、新能源汽车市场的持续繁荣、技术变革等促使越来越多的零部件供应商做出改变，影响了全球整体市场的原有格局。本报告详细阐述了2018年全球汽车零部件产业在营收及利润、技术创新、投资并购、全球化布局等方面的发展动态。

关键词：　汽车零部件　百强企业　新能源　营收　并购

一　百强企业营收增长，中国企业力量凸显

2018年，全球汽车零部件行业营收稳步增长，但增幅下降。罗

兰贝格在《全球汽车零部件供应商研究2018》中指出，2018年的整体环境利好，全球汽车零部件供应商营收有望增长3%并继续保持盈利水平，平均息税前利润率约为7.3%，与2017年持平。根据美国汽车新闻（Automotive News）发布的"2019年全球汽车零部件供应商百强榜"，2018年全球汽车零部件百强企业的总配套营业收入为8548.23亿美元，同比增长3.80%。

从配套营收金额来看，共有三家企业2018年配套营收超过400亿美元，依次为博世、电装和麦格纳。排名前十强的企业被传统零部件企业占据，销售额均较上一年实现了增长。前十强排名次序中，前八名企业排名与2017年一致，佛吉亚和法雷奥的名次互换。在上榜的100家企业中，共有75家企业2018年配套营收实现增长，25家出现不同程度下跌，而2018年榜单仅有16家出现下滑。其中，辉门的销售额跌幅最大，为33%，该公司已于2018年10月被天纳克正式收购。

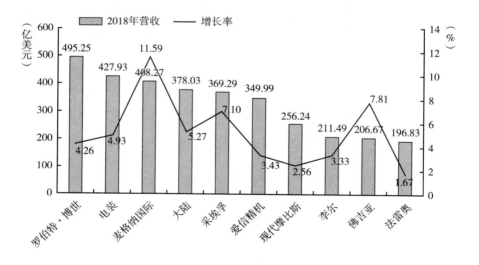

图1 2018年全球前10强汽车零部件供应商营收及增长率

从区域分布来看，2019年全球百强汽车零部件企业共来自17个国家和地区。从入围企业数量看，美国企业上榜数超越日本，共有25家；日本有23家企业进入2019年榜单；德国与2018年持平，有20家企业入围。此外，中国、韩国、加拿大、法国、西班牙依次有7家、6家、4家、3家、3家上榜，卢森堡、瑞典、墨西哥、瑞士、新加坡、意大利、印度、英国、荷兰均有1家企业入围。

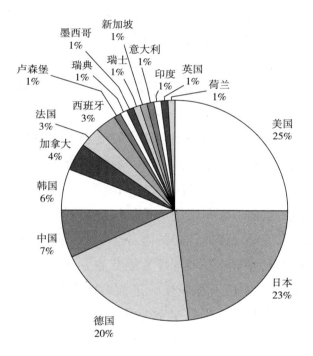

图2　2018年全球百强汽车零部件企业分布情况

入围2019年全球百强的中国汽车零部件企业数量较2018年有所增加，共有7家，分别为2018年上榜的延锋、北京海纳川、中信戴卡、德昌电机、敏实集团、五菱工业和新晋企业中鼎股份。从企业名次看，延锋以绝对优势继续领跑中国企业，排名上涨至第15名（上年为第16名）；另有两家企业排名上涨，分别为，北京海纳川为第

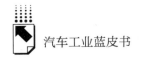

61 名（上年为第 65 名）、敏实集团为第 86 名（上年为第 92 名）；三家名次下降，分别是中信戴卡为第 65 名（上年为第 61 名），德昌电机为第 80 名（上年为第 79 名），五菱工业为第 89 名（上年为第 80 名）；新上榜的安徽中鼎密封件股份有限公司总部位于安徽省宁国市经济技术开发区，2018 年的配套销售额为 17.14 亿美元，排名第 92。除去本土企业外，榜单中还有两家中资投资企业：第 89 名的 SEG Automotive 已被郑煤机收购，第 98 名的 Preh GmbH 公司为均胜投资集团有限公司在 2017 年收购的子公司。

二　新能源企业利润率高，巨头盈利能力强

汽车零部件行业利润的变动趋势主要受到下游整车市场价格变化和上游原材料价格波动的影响。同时，原材料价格的波动对汽车零部件生产企业的成本消化和经营风险控制能力也提出了一定程度的挑战。近年来，随着全球整车市场产销量增速趋于平稳，汽车零部件行业收入、利润水平呈现较为稳定的态势。从业务领域看，以电机、电池、电控等新能源汽车核心零部件为主营业务的汽车零部件企业，由于 2018 年新能源车销量上涨较快，进而营业利润上涨。从全球汽车零部件商巨头表现看，由于巨头企业技术水平高，成本控制能力强，生产规模大等因素，盈利能力相对较强。博世在 2018 年的息税前利润达 59.45 亿美元，息税前利润率为 6.9%；大陆集团 2018 年调整后息税前利润率为 9.3%，净利润实现 32.5 亿美元；电装 2018 年利润达到 28.93 亿美元；采埃夫在 2018 年调整后的息税前利润为 23.56 亿美元，麦格纳在 2018 年税前营业利润达 29.51 亿美元，净利润达 22.96 亿美元；舍弗勒 2018 年不计特殊项目的息税前利润（EBIT）为 15.49 亿美元；佛吉亚 2018 年营业利润实现 10% 的增长，达到 14.29 亿美元，营业利润率达 7.3%，净利润达到 7.86 亿美元。

三　多技术融合与渗透，各板块研发加快

随着汽车与绿色低碳、互联网、人工智能、大数据等技术不断融合和相互渗透，世界各大汽车零部件企业纷纷在新能源、智能网联等领域进行技术研发和战略布局。

全球新能源汽车（PEV）继续保持快速增长态势，2018年销量突破200万辆，同比增长约70%，超过2017年增长幅度。新能源汽车市场的快速发展，加速了新能源汽车零部件核心技术的突破。零部件企业、研究机构等纷纷投入"三电系统"的研究，为新能源汽车性能提升提供技术解决方案：博世与英国锡里斯合作研发下一代固体氧化物燃料电池技术，使其能在分布式电源供应中大量普及；大陆集团展出更高效电动移动出行的创新技术，如智能温控管理解决方案可延长EV的续航里程，缩短电池的充电时间；美国研发增强型SEI，可提高锂金属电池能量密度和安全性；电池初创企业派立昂技术公司（Pellion Technologies）已经研发出锂金属电池（lithium metal battery），功率是传统锂离子电池的两倍，但重量只有传统锂离子电池的一半；ElectReon Wireless公司采用其电动道路设施，成功地在全长25米的测试路段上为雷诺Zoe测试车辆进行了无线充电测试。

随着汽车走向智能网联时代，典型零部件企业以整合全产业链的发展战略布局智能网联汽车产业。在2019年的CES中，国际零部件巨头再一次展示了黑科技，主要体现在智能座舱、共享出行和自动驾驶等方面：博世推出无人驾驶电动巴士loT Shuttle，该概念车展现了博世自动化、互联化和电气化的解决方案，计划于2020年投入生产；大陆的自动驾驶车Cube和Cascading robots概念，其中，Cascading robots概念展示了新的自主送货概念；现代摩比斯照明系统可以在不

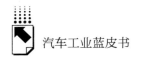

同场景下显现不同的灯光；法雷奥用于车速控制的端对端学习系统，采用了神经元网络及长短时记忆功能，可接受训练，模仿驾驶员的行为。

面对全球能源、资源危机，环境污染日益严重等一系列难题，全球各国都在积极寻找应对措施，努力开发新能源。对于汽车行业来说，因传统的燃油汽车耗能大、污染多，且受到石油储量的限制，全球各大零部件企业在节能汽车领域中实现技术突破是重中之重。在节能汽车领域，舍弗勒推出全球首个 P2 混合动力模块，当配备于插电式混合动力汽车（大于 50km 纯电续航里程）时，该模块可提高至少 70% 的燃油经济性；麦格纳发布了新型 48V 分动箱和其他 48V 产品，与 2 轮驱动系统相比 CO_2 排放量最多削减了 10%，提高了燃效；博世在 IAA 国际商用车车展上展出可整合至半挂车的电动车桥，每年可最多节省 9000 升的柴油燃料，电动启动和加速功能有助于削减额外的燃料消耗和减少 CO_2 排放量；博格华纳自主开发的 iCTA 技术融合凸轮扭矩驱动式相位器（CTA）和扭转辅助相位器（TA）的技术优势，提高燃效，减少尾气排放；佛吉亚供应的 "Resonance Free Pipe（RFP）"，适用于皮卡和轻型商用车，有助于提高燃效和削减 CO_2 排放量。

表1　2018 年典型零部件企业技术突破案例

机构	动态	技术突破
电装	和日立携手开发高效二极管	大幅降低交流转直流过程中的电力损失，使交流发电机的发电功率提升 6%
大陆	系统级别的热管理系统	不论温度如何，保证电动汽车的续航里程
	48V 大功率驱动系统	功率达到 30kW，削减尾气排放和油耗
	无线充电技术	大陆与 WiTricity 的最大传输电流为 11kW，常规公共交流电充电设备则只能达到 6~7kW

续表

机构	动态	技术突破
AFC Energy	CH2ARGE 系统电动车充电器	全球首款基于氢燃料电池技术的电动车充电器
AEye 公司	推出了 AE200 系列传感器	该固态传感器适用于 3 级高级驾驶员辅助系统（ADAS）应用
法雷奥	用于车速控制的端对端学习系统	该系统采用了神经元网络及长短时记忆功能，可接受训练，模仿驾驶员的行为
日立	车载立体摄像头新技术	在汽车驾驶时，该技术可让摄像头高度准确地检测到路面的孔洞和小碎片等路面不平整状况

四 传统领域并购为主，新兴领域并购活跃

汽车产业正在经历电动化、自动化、智能化、轻量化技术变革浪潮。整车技术结构的变化无疑将传动至汽车零部件产业，引导全球汽车零部件产业格局的相应变化。在此背景下，各大零部件企业积极通过商业并购模式进入新业务领域。

近年来，汽车零部件市场的拆分及并购重组活动有了明显加剧，仅 2019 年上半年，主流汽车零部件企业重大并购案便有 10 余次。汽车零部件行业大型并购案例涉及动力系统、电气电子系统、底盘系统、内饰系统等多个领域。从细分市场交易量来看，电气电子系统与内饰系统占比较多，底盘系统与动力系统占比较少，底盘系统领域占比有所减少；从并购交易的价值来看，电气电子系统交易额巨大，占比达 93%，与 2017 年（占比 95%）相比略有下降；从并购国别来看，德国与日本的并购活动最为活跃。

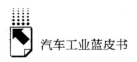

表2　全球汽车零部件企业并购重组动态

时间	案例	收购资金/股份	相关产业
2018.1	康明斯收购庄信万丰的汽车电池业务子公司	100%股份	车用电池系统
2018.3	华域汽车收购上海小糸	50%股权	车灯
	电装收购瑞萨电子	8亿美元	自动驾驶软件
2018.4	双星与锦湖轮胎并购	38亿元	汽车轮胎
2018.5	大陆收购DigiLens	18%股份	显示器
2018.6	麦格纳收购OLSA	230百万欧元	前照灯和尾灯
2018.7	康明斯收购美国企业EDI	未公布	混动及纯电动总成
	大陆收购制造商VUK	100%股份	轮胎
	佛吉亚收购Parrot Automotive	1亿欧元	车联网系统
2018.8	瑞萨电子株式会社收购IDT	67亿美元	半导体
	博世收购Ceres Power	4%股份	燃料电池
2018.9	天纳克收购辉门	54亿美元	动力驱动
2018.10	采埃孚收购ASAP Holding	35%股份	自动驾驶
	康奈可宣布收购马涅利马瑞利	62亿欧元	汽车电子、动力总成等
	佛吉亚从日立手中收购歌乐	1410亿日元	汽车导航系统
2018.11	大陆收购库博标准的防振业务	未公布	防振和隔音
	电装收购英飞凌	200万股股票	车载半导体
2018.12	日立宣布出售HV锂离子电池业务	117亿日元	车载电池
	麦格纳收购西班牙VIZA Geca	未公布	折叠座椅
2019.1	博世买断戴姆勒所持电机公司EM-Motive GMBH的股权	未公布	电机
	普利司通收购TomTom远程车载信息处理业务	9.1亿欧元	车联网
2019.3	德赛西威收购德国天线公司ATBB	未公布	天线系统
2019.4	博格华纳收购莱因哈特驱动系统公司和AM Racing公司	未公布	新能源驱动系统
	李尔收购汽车软件生产商Xevo	3.2亿美元	智能网联
	继峰股份收购格拉默公司	39.56亿元	座椅
2019.5	舍弗勒收购软件和电子解决方案公司XTRONIC	未公布	电子软件
2019.6	英飞凌收购赛普拉斯半导体	90亿欧元	芯片
	采埃孚收购威伯科	超70亿美元	商用车变速制动

五 加快中国业务布局，跨领域积极合作

随着经济与全球市场一体化进程的推进，国际零部件供应商在加强直属工厂和研发体系布局的同时，积极与中国汽车整车厂、零部件企业及百度和高德等互联网企业共同推进自动驾驶、智能网联汽车、智能出行等领域开发。

中国市场新能源、智能网联、自动驾驶领域的活跃，促使国际汽车零部件供应商加强对新领域的开发布局，与新领域的合作。从投资项目也可以看出国际零部件供应商对新技术的关注度，而中国市场依然是企业的发展重点。博世 2016 年在华投资总额达 49 亿元人民币，而到了 2018 年已经攀升到 78 亿元。采埃孚在过去的几年里，在中国的投资总额也超过十几亿欧元（近百亿元人民币）。

表3 国际主流零部件企业在华投资

企业	投资额	项目简介	业务内容
博世	2.75 亿元	安徽芜湖多媒体事业部生产基地于 2019 年 4 月投产	车载信息系统、数字化仪表盘及互联控制单元
	7.7 亿元	江苏南京智能助力器生产基地于 2019 年上半年投产	生产智能助力器 iBooster
	—	2018 年 3 月江苏无锡电池产业化项目开工建设	48V 混合动力电池系统
大陆	2800 万欧元	安徽芜湖动力总成项目计划于 2019 年第三季度建成投产	传动系统产品,包括传感器、执行器及燃料和尾气处理部件
	—	与四川成飞组建合资公司,并于 2018 年中投产	48V 电池系统
	2.8 亿元	重庆研发中心于 2019 年投入运营	汽车电子产品开发,包括车身级动力总成

续表

企业	投资额	项目简介	业务内容
法雷奥	2.1亿元	重庆生产基地于2019年投产	汽车车灯
	1亿元	江苏常熟新能源汽车公司于2018年10月正式运营	汽车驱动电机和逆变器
	10亿元	2018年10月签约江苏常熟新能源汽车公司动力总成二期	"三合一"电动汽车驱动总成
采埃孚	9000万美元	江苏张家港转向工厂于2019年4月投产	电动汽车助力转向系统
	1.5亿美元	2018年8月投资浙江杭州电驱动基地	电驱动产品
麦格纳	2亿元	华域麦格纳电动驱动合资公司	电动汽车电驱动系统总成
安波福	—	2019年建立上海研发中心	全自动驾驶技术和应用研发

　　国际零部件供应商在与中国传统车企合作的同时，也非常重视与中国造车新势力、新兴EV车企在新能源领域、辅助驾驶领域的业务合作。博世与爱驰亿维、大陆与蔚来汽车在智能汽车、EV系统技术等领域展开战略合作；麦格纳、大陆与蔚来汽车在电气电子等核心零部件领域展开合作，并加大投资力度，设立生产基地及研发中心。

表4　欧美典型零部件企业与中国车企的合作

零部件企业	合作方式	业务内容
博世	向北汽集团供应零部件	供应自动驾驶、安全辅助驾驶的基础硬件
	与一汽解放合作	开发自动驾驶卡车
	与爱驰亿维合作	EV系统技术、自动驾驶技术等
	与贵州长江汽车合作	在智能汽车、EV零部件领域开展全面合作
	与小鹏汽车开展战略合作	在自动驾驶领域开展合作

续表

零部件企业	合作方式	业务内容
大陆	与上汽集团的荣威合作	开发7英寸彩屏仪表
	与上汽通用五菱汽车合作	在安全系统与底盘领域共同研发
	与蔚来汽车合作	EV、智能交通系统、自动驾驶等
采埃孚	与奇瑞汽车等开展合作	将为3级自动驾驶量产车配套"ProAI"
麦格纳	与北汽集团开展合作	协同开发下一代智能EV架构
	与蔚来汽车合作	供应电驱动系统零部件等
佛吉亚	与比亚迪成立合资公司	通过生产高级座椅,计划渗入新能源车市场

国际汽车零部件商与中国传统汽车零部件商的合作范围加大,也将加速我国汽车新兴技术领域的发展。在新能源领域,博世与潍柴动力、麦格纳与华域汽车系统、法雷奥与富奥汽车零部件共同开发EV零部件,助力新能源汽车技术的发展。在智能网联领域,佛吉亚与东风汽车零部件成立合资公司,共同开发执行系统解决方案。此外,互联网技术的发展,促使国际汽车零部件与国内IT行业等跨界融合,有助于汽车行业智能化发展。如博世与百度、高德、四维图新就自动驾驶开展合作;大陆与联通智网科技成立ITS解决方案的合资公司。

表5　欧美典型零部件企业与IT企业的合作

供应商	业务形态	业务内容
博世	与百度、高德、四维图新合作	制作自动驾驶必要的高精度地图,开发更新解决方案
	与百度合作	参与百度的阿波罗计划,智能出行领域的技术提供
大陆	与百度合作	自动驾驶、网联汽车、智能出行等
	与联通智网科技成立合资公司	ITS解决方案
	与华为开展路试	在上海的自动驾驶车及网联汽车国家试验区开展路试
采埃孚	与百度合作	自动驾驶、网联汽车、出行服务等
安波福	与高德软件合作	应用开发信息娱乐系统与自动驾驶技术

B.3
2018年中国汽车零部件产业发展报告

摘　要：　受政策因素和宏观经济的影响，2018年汽车产销量低
于年初预期，分别完成2780.9万辆和2808.1万辆。
随着新能源与智能网联等新兴领域发展向好，国家相
关政策法规进一步完善，新兴板块投资并购表现活跃，
部分核心技术获得突破性进展。本报告将详细介绍
2018年中国汽车零部件产业政策法规、市场规模、投
资与并购、核心技术研发等方面的发展特点。

关键词：　汽车零部件　政策法规　新能源　技术突破

一　产业政策针对性加强，行业标准进一步完善

2018年，国家相继推出了针对汽车零部件新兴领域的政策法规，
推动了新能源汽车与智能网联汽车行业标准的进一步完善，其中新能
源领域依旧占据主导地位。

在新能源汽车领域，主要推出针对购置税减免、财政补贴、锂电
池管理等方面的政策，旨在提升新能源汽车技术含量，完善新能源汽
车补贴政策，规范锂电池回收标准，有助于指导零部件企业技术研发
与创新，促进新能源汽车行业健康有序发展。其中《新能源汽车动
力蓄电池回收利用试点实施方案》探索技术经济性强、资源环境友
好的多元化废旧动力蓄电池回收利用模式，推动回收利用体系建设；
《新能源汽车动力蓄电池回收利用溯源管理暂行规定》提出，将建立

"新能源汽车国家监测与动力蓄电池回收利用溯源综合管理平台"，对动力蓄电池生产、销售、使用、报废、回收、利用等全过程进行信息采集，对各环节主体履行回收利用责任情况实施监测。

表1　新能源领域相关政策

政策法规名称	颁布或实施日期	颁布单位
《关于加强新能源汽车免征车辆购置税目录管理的公告(征求意见稿)》	2018.2.8	工信部
《关于调整完善新能源汽车推广应用财政补贴政策的通知》	2018.2.13	财政部、工信部、科技部、国家发改委
《新能源汽车动力蓄电池回收利用试点实施方案》	2018.3.2	工信部、科技部、环保部等七部委
《免征车辆购置税的新能源汽车车型目录实施动态管理》	2018.4.2	工信部、财政部、国税总局
《新能源汽车动力蓄电池回收利用溯源管理暂行规定》	2018.5.17	工信部
《关于公布城市绿色货运配送示范工程创建城市的通知》	2018.6.15	交通运输部办公厅、公安部办公厅、商务部办公厅
《关于做好平行进口汽车燃料消耗量与新能源汽车积分数据报送工作的通知》	2018.6.19	工信部
《打赢蓝天保卫战三年行动计划》	2018.6.27	国务院
《关于做好新能源汽车动力蓄电池回收利用试点工作的通知》	2018.7.25	工信部、科技部等七部委
《外商投资准入特别管理措施(负面清单)(2018年版)》	2018.7.28	国家发改委、商务部
《关于开展新能源客车安全隐患专项排查工作的通知》	2018.9.4	工信部
《享受车船税减免优惠的节约能源　使用新能源汽车车型目录》	2018.9.6	工信部
《关于开展新能源乘用车、载货汽车安全隐患专项排查工作的通知》	2018.9.25	工信部

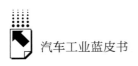

续表

政策法规名称	颁布或实施日期	颁布单位
《关于进一步规范和优化城市配送车辆通行管理的通知》	2018.10.19	公安部
《免征车辆购置税的新能源汽车车型目录》	2018.10.25	工信部
《关于加强低速电动车管理的通知》	2018.11.2	工信部、国家发改委、科技部、公安部等
《提升新能源汽车充电保障能力行动计划》	2018.11.30	国家发改委、能源局、工信部和财政部
《汽车产业投资管理规定》	2018.12.18	国家发改委
《关于进一步完善新能源汽车推广应用财政补贴政策的通知》	2019.3.26	财政部、工信部、科技部及国家发改委
《关于支持新能源公交车推广应用的通知》	2019.5.8	财政部、工信部、交通运输部、国家发改委

在智能网联汽车领域，主要推出针对道路测试管理规范、行业发展计划等方面的政策法规。其中《智能网联汽车道路测试管理规范（试行）》适用于在中国境内公共道路上进行的智能网联汽车自动驾驶测试，对测试主体、测试车辆、测试路段等明确一系列要求，此项管理规范的出台是行业发展的关键一步，将推动"无人"驾驶加速"驶向"现实生活。《车联网（智能网联汽车）产业发展行动计划》的提出，将充分发挥政策引领作用，分阶段实现车联网（智能网联汽车）产业高质量发展的目标，切实推动车联网产业持续健康发展。

表2　智能网联汽车领域相关政策

政策法规名称	颁布日期	颁布单位
《2018年智能网联汽车标准化工作要点》	2018.3	工信部
《智能网联汽车道路测试管理规范（试行）》	2018.4	工信部、公安部、交通部

政策法规名称	颁布日期	颁布单位
《国家车联网产业标准体系建设指南(总体要求)》	2018.6	工信部与国标委
《国家车联网产业标准体系建设指南(信息通信)》		
《国家车联网产业标准体系建设指南(电子产品和服务)》		
《车联网(智能网联汽车)直连通信使用5905~5925MHz频段管理规定(暂行)》	2018.12	工信部
《车联网(智能网联汽车)产业发展行动计划》	2018.12	工信部

二　市场规模继续增长，企业业绩分化明显

2018年，我国汽车产量为2780.9万辆，销售为2808.1万辆，产销量分别下滑4.16%和2.76%，但汽车保有量保持稳步增长，截至2018年底，全国汽车保有量达到2.4亿辆，比2017年增加2285万辆，增长10.51%。在此基础上，汽车后市场对零部件需求不断提升，促使零部件行业市场总体规模呈现稳定增长态势。截至2018年底，根据对13019家规模以上汽车零部件企业的统计，全年累计主营业务收入为3.37万亿元，同比增长4.2%；利润总额2506亿元，同比下降2.27%；亏损额增长明显，比上年同期增长48.2%。在汽车行业下行压力持续加大的情况下，汽车零部件企业面临的压力进一步加大，加之受到上游原材料价格上涨，以及物流、汇率等多方因素的影响。未来我国汽车零部件市场的盈利水平不容乐观。

2018年，136家公司整体营收规模同比增速降至11.41%，低于过去数年的年均增长率20%，且整体盈利水平下降。零部件上市公司中，营业收入同比下滑企业37家，占比接近30%。从营业收入排名来看，在上市汽车零部件企业前十强中，潍柴动力和华域汽车仍处于领先位置，2018年主营业务收入超过1500亿元；均胜电子在收购

高田公司后，稳步推进各个区域的整合，运营成本和效率得到优化，主营业务大幅度提高，2018年增长111%；京威股份受到北京基地搬迁及财务成本提高的影响主营业务收入略有下降，其他企业基本保持小幅度增长。从130余家上市公司的净利润来看，同比下滑的企业达80家，占比超60%。从净利润排名来看，2018年，潍柴动力净利润85.58亿元，同比增长27.2%，名列净利润排行榜第一；紧随其后的华域汽车净利润达80.27亿元，同比增长22.5%；福耀玻璃维持盈利态势，并以41.2亿元的净利润额位列第三。在2018年度业绩榜单中，均胜电子、金固股份和跃岭股份增长明显，净利润同比增长约200%，也有富临精工、东方精工此类预亏超20亿元的企业。

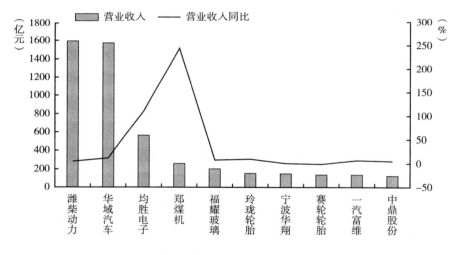

图1　前十位汽车零部件上市公司2018年主营业务收入

三　外贸维持良好态势，部分企业获国际认可

2018年，在保护主义抬头、经贸摩擦持续等阴云笼罩下，我国汽车及零部件进出口贸易依旧态势良好。从进出口贸易总金额来看，

根据海关统计，2018年1~9月，我国汽车行业整体实现进出口总额1229亿美元，同比增长12.3%，其中出口525亿美元，同比增长14.8%；进口704亿美元，同比增长10.5%；进出口逆差179亿美元。具体到零部件领域，2018年1~9月，零部件出口形势平稳，汽车关键件及零部件出口404.7亿美元，占汽车行业出口总额的77%，同比增长12.8%。

英国品牌评估机构Brand Finance发布"2018全球最有价值的10大汽车零部件品牌"排行榜（Top 10 Most Valuable Auto Components Brands 2018）；法雷奥名列第一，品牌价值34.32亿美元；麦格纳名列第二，品牌价值24.55亿美元；由德尔福分拆出来的安波福名列第三，品牌价值19.29亿美元；中国的均胜电子名列第七。另外，潍柴集团、华域汽车等七家中国品牌零部件企业进入2019年全球汽车零部件百强名单，但与博世、大陆、电装等领先企业相比，中国汽车市场还没有真正催生出以技术著称的国际零部件企业，中国汽车零部件企业还有很长的路要走。

四　新能源领域表现活跃，跨界并购项目增多

2018年，中资汽车及零部件企业共发生21宗跨境投资和并购交易，并购方向开始转向新能源、智能网联等新兴领域。随着传统燃油车销量的下滑，国内汽车零部件企业对海外传统汽车部件的并购热情开始降低，对新能源及智能汽车相关业务的并购逐渐升温。未来汽车（电动化、智能化、轻量化）相关的产品和技术的并购正在逐渐成为国内汽车零部件企业海外并购的主方向。

传统汽车零部件投资并购业务趋向于大型并购、龙头企业并购。从兼并购规模看，小型海外并购相对减少，兼并购业务主要并购决策方为资金实力雄厚的零部件企业，因提升自身市场地位和竞争力而发

起。如对 KSS 和高田的成功收购，使均胜电子跃升为汽车主动、被动安全领域市场占有率全球排名第二的全球零部件巨头；青岛双星通过收购锦湖轮胎株式会社（Kumho Tire），获得了品牌、产能以及技术的提升；铁流股份收购德国高精密金属零部件制造厂商（Geiger），新增公司的高精密金属零部件业务，形成双主业驱动格局。从兼并购业务交易内容看，传统零部件企业倾向于选择互联网领域。在 2018 年所有与汽车零部件相关并购交易中，有 4 宗交易与智能网联、高精地图等代表未来汽车趋势的部件产品相关，例如，均胜电子完成德国 Quin Gmbh 公司股权交割，启迪国际收购英国泰丽特（Telit）车载通讯业务等。

表3　2018 年传统零部件主要并购交易

投资主体	并购标的	标的业务	交易金额
渤海汽车	收购 TRIMET Automotive Holding GmbH (TAH)75% 股份	轻量化	6150 万欧元
均胜电子	日本高田公司（Takata Corporation）	安全系统	15.88 亿美元
	德国公司 Quin GmbH 剩余 25% 股权交割	内饰功能件	3180.83 万欧元
五菱汽车	与美国车桥合资成立柳州美桥汽车传动系统有限公司	汽车传动系统	6900 万元
今飞凯达	收购沃森制造(泰)有限公司 100% 股权	汽车轮毂	8858.42 万泰铢
青岛双星	认购锦湖轮胎株式会社(Kumho Tire)45% 股权	轮胎	6.05 亿美元
岱美汽车	收购法国 Motus 公司旗下汽车遮阳板相关资产和业务	内饰功能件	1.47 亿美元
铁流股份	收购德国 Geiger 100% 股权	零部件制造	3800 万欧元
继峰股份	间接持有德国 Grammer 84.23% 股份	座椅、中控系统	31.25 亿元
启迪国际	泰利特(Telit) 车载通讯业务	车载通讯	1.05 亿美元

从新能源汽车领域项目来看，电池业务占主导，跨界并购占比超过50%。2018 年，44 个并购事件中，公布交易金额的有 37 个，总金额约 875.36 亿元，平均交易金额 23.65 亿元。从标的业务来看，

有 15 家为电池及电池系统，12 家为正极材料及上游矿产资源，7 家为新能源车及零部件产销，3 家为设备制造，2 家为电池隔膜，还有负极材料、导电剂、电解液、六氟磷酸锂各 1 家。从兼并购的类型来看，跨界并购超半数（达到 24 个），17 个为同一主业间的横向并购，3 个为上下游产业链纵向并购。此外，2018 年共有 14 笔电池并购案例失败，如中葡股份终止收购盐湖提锂资产，科陆电子终止收购腾远钴业控股权，中环投资终止要约收购京威股份等，但 2019 年新能源电池行业并购重组热潮有望持续。

表 4 新能源汽车领域主要并购交易

投资主体	并购标的	标的业务	交易金额
华达科技	江苏恒义 51% 股权	底盘零部件	2.47 亿元
中利集团	比克动力	动力电池	100 亿元
长虹能源	江苏三杰增资后 51% 股权	三元锂电池	2.7 亿元
荣盛控股	收购并增资后盟固利动力 51.16% 股权	动力电池	46 亿元
欣旺达	东莞锂威 49% 股权	锂离子电池电芯	7.25 亿元
远景能源	控股日产汽车旗下电池业务和生产基地	电池	—
北京易科汇	珠海光宇 42.17% 股权	锂电池	5.29 亿元
科大国创	贵博新能 100% 股权	电池管理系统	6,19 亿元
潍柴动力	巴拉德 19.9% 股权	燃料电池模块、膜电极	1.63 亿美元
潍柴动力	英国锡里斯 20% 股权	燃料电池	4800 万英镑
长城控股	上燃动力 51% 股权	燃料电池汽车动力	6000 万元
科力远	CHS 公司 36.97% 股份	混合动力总成系统	8.19 亿元
中矿资源	东鹏新材 100% 股权	电池级氟化锂	18 亿元
美都能源	瑞福锂业 98.51% 股权	电刺激碳酸锂	29 亿元
璞泰来	溧阳月泉 66.67% 股份	锂电池隔膜	2.62 亿元
恩捷股份	江西通瑞 100% 股权	锂电池隔膜	2 亿元

五 技术研发力度加大，部分技术实现突破

近年来，新兴技术企业发展势头强劲，传统零部件企业也在积极探索技术的研发与突破，寻求转型升级。

龙头企业研发投入增加。在研发经费投入十强企业中，排位第一的潍柴动力，以变速箱、发动机等核心零部件产品为主，是典型技术密集度高的企业，大量投入研发活动是其获取持续创新竞争力的源泉；排名第二的华谊集团，零部件产品主要是双钱轮胎，全钢胎具有规模优势，全钢载重胎位列行业前三。排名第三的华域汽车，产品面宽，覆盖汽车内外饰件、金属成型和模具、功能件、电子电器件、热加工件、新能源等主要产品，在国内处于汽车企业龙头地位；第四名是均胜电子，主要业务包括内外饰、汽车电子、新能源汽车的电池管理。

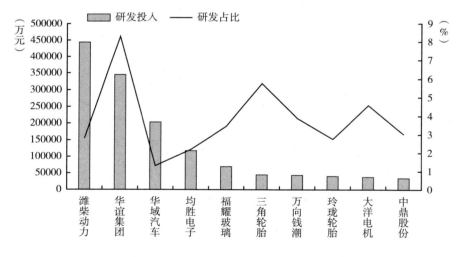

图2 2018年研发投入前十企业

从发明专利数量上看，生产关键零部件的企业处于领先。龙生股份重组后挂牌"光启技术"，拟推进超材料在汽车零部件的应用，以

874件专利拥有量排名第一；生产发动机、变速箱等核心零部件的潍柴动力居第二名，拥有507件发明专利。此外，处于新兴技术领域的零部件企业专利数有所提升，如电动化、智能化零部件企业大洋电机，以及向新能源业务转型的万向。

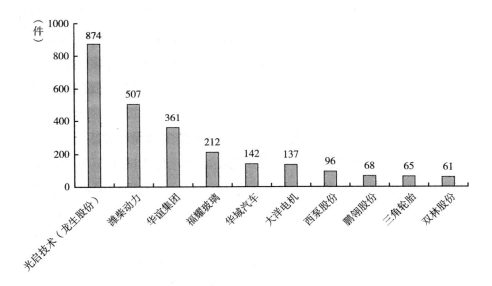

图3　有效发明专利前十企业

2018年，在传统零部件领域，中国零部件企业取得不错的成果。万里扬CVT25在6月15日正式下线，打破了国外对高端变速箱的垄断。东安动力开发出节能减排的M16K发动机。我国"863计划"科学家万钢领衔通过线传电控技术控制车轮的转向和车速，提高了整车的主动安全性和操纵稳定性。东安动力M16KL发动机采用11.5高压缩比、宽域DVVT、Atkinson循环、外部EGR、六孔喷油器、强制机油冷却系统等先进技术。长城7速双离合变速箱最大扭矩可承受450牛·米，而传动比范围达到7.99，超大传动比超过大多数CVT变速箱，综合传动效率为94.41%（最高可达98.87%）。星宇股份辅助远光（蓝转白激光）前照灯及第二代OLED后组合灯研发成功。

我国新能源汽车产业快速发展，产品性能和技术得到进一步提升。相应的，新能源汽车零部件领域技术发展迅速，在动力电池、智能电驱系统、插电混动技术的研究取得突破性进展。宁德时代拥有动力和储能电池领域完整的研发、制造能力，核心技术有电芯安全部件、单体电芯导电片、铜铝复合极柱、极片辊压拉伸等。北汽新能源 e – Motion Drive 2.0 智能电驱系统有效降低故障率，保障车辆安全的同时，让车辆在动力输出、电池效能等方面也都得到提升。比亚迪第三代 DM 插电混动技术不仅在性能上再度提升，也提供了更加精细的动力输出。

智能汽车多功能的实现需要借助多种类多数量的芯片，2018 年国内企业在芯片研发上取得突破。比亚迪此次推出的 IGBT4.0，在诸多关键技术指标上都占优，如芯片损耗、模块温度循环能力、电流输出能力等关键指标。众多公司在毫米波雷达和激光雷达技术上取得成果，速腾聚创不仅拥有 32 线机械激光雷达产品 RS – LiDAR – 32 的量产能力，并且在 2018 年推出了 MEMS 固态激光雷达产品 RS – LiDAR – M1。禾赛科技的 40 线激光雷达 Pandar40，已与百度、蔚来汽车、智行者、驭势科技、Roadster. ai 等公司合作完成早期客户共同测试。

随着互联网、云端和 5G 技术的快速发展，车联网功能越来越丰富，很多汽车厂家和供应商完成了智能驾驶舱的研发。国际大型车企和汽车零部件厂商对智能座舱的运用和推广，让自主品牌中的传统车企和新造车企业对智能座舱产生了极大的关注。自主品牌车企为了凸显自身产品的差异性，提升产品的竞争力，纷纷配置智能座舱电子产品，使汽车座舱更加智能化。如 2018 年车展，红旗智能驾驶舱汇集智能驾驶、AI、语音交互、人脸识别、智能远程遥控体验等多样现代智能技术。

企　业　篇

Enterprise Reports

B.4
典型零部件企业发展案例分析

摘　要： 国际汽车零部件企业有着灵敏市场"嗅觉"和丰富发展经验，梳理此类企业向哪些方向转型、对应着如何在战略上做出调整，以此管中窥豹，看整个零部件行业2018年的发展与变化。相比之下，我国汽车产业在全球产业梯队中处于后追赶角色，长期以来我国汽车产业扶持主要实施的是整车和重点领域优先策略，在政策红利方面获利较少的汽车零部件产业在夹缝中主要依靠自主发展，总体上在创新能力、全球供应、盈利能力、溢价能力、人才储备等方面与外资零部件巨头存在较大差距，在先进产品和高利润关键核心零部件细分领域处于弱势，但也有部分零部件企业在重围之中抓住产业变革机遇，成功实现转型升级发展。本报告分析了现代摩比斯、法雷奥、

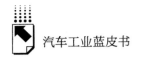

佛吉亚、舍弗勒、重庆凯瑞动力等国内外零部件企业的基本情况、业务布局、重点产品、未来战略及发展经验等。

关键词： 跨国公司　现代摩比斯　法雷奥　佛吉亚　舍弗勒　转型升级

一　现代摩比斯

（一）基本情况

韩国最大的汽车零部件公司——摩比斯（MOBIS），是现代起亚汽车集团三大主力之一，排名世界前八的汽车零部件供应商，2012全球财富五百强企业。公司总部位于首尔，在中国、美洲、欧洲、亚洲等地拥有多家集团公司，拥有 2.5 万余名员工、28 个生产基地、24 个物流基地、5 个技术研发所。目前，现代摩比斯提供汽车系统解决方案、IT、电子系统的新一代装潢、底盘等产品，和以自动驾驶、电动车、IVI 为代表的未来汽车技术。2019 年 1 月，与现代派沃泰合并，作为现代坦迪斯正式运营。

（二）全球发展

1. 业绩规模

2018 年，现代摩比斯销售额为 256.24 亿美元，比上年增长2.56%，位于"2019 年世界汽车零部件供应商 100 强"榜单第七名。2018 年，现代摩比斯宣布提升自动驾驶技术，以期领导全球自动驾驶市场：2020 年前研发自动驾驶传感器；计划将研发费用占销售额比例从目前的 7% 提高到 10%，并把一半的投资资金用于与自动驾驶密切相关的信息通信技术（ICT）；扩大相关研发人员数目和基础设施，将自动驾驶专业人才的数量从 600 人提升至 1000 多人；积极促进与全球企业的技术合作关系。

2. 跨国合作

过去几年，现代摩比斯在智能化、网联化业务领域表现相对慢热。为了快速赶超竞争对手，增强核心技术竞争力，现代摩比斯在 2018 年同 StradVision、Tata Elxsi 等在未来汽车发展领域内竞争力较强的合作商建立合作伙伴关系，拓展其自动驾驶和智能网联的业务布局。

表 1　现代摩比斯集团主要国际国内合作

合作对象	合作内容	合作目标
StradVision	80 亿韩元的股权投资	合作研发构建安全自动驾驶系统所需的先进摄像头探测技术
Tata Elxsi	自动驾驶仿真技术合作	辅助自动驾驶车辆研发
GENESISLAB、LINKFLOW	AI 及车载信息娱乐技术合作	合作研发人工智能及车载信息娱乐显示屏领域的新技术
电信 KT	研发车联网技术	合作领域扩展到联网汽车技术的发展
SMS 和 ASTYX	自动驾驶车辆雷达	实现 360 度探测周围场景，并在 2021 年前开始全面生产

3. 产品业务布局

现代摩比斯的产品布局主要分为五大部分：自动驾驶、电气化、IVI、制动和转向系统。

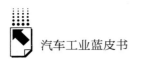

表2　现代摩比斯产品布局

技术	相关技术产品	产品特点
自动驾驶	驾驶辅助系统	安全驾驶辅助,降低事故发生率
	便利配置	提供驾驶便利,解除驾驶者盲区
	传感器类	耐环境性,可信赖的感知结果
	Mecha	保安验证及被强化的加密逻辑,最新IT技术的联动,保障功能安全等的信赖性
电气化	电力变换器	通过小型化,实现高电力密度;降低电力半导体及磁体损失,实现高效率
	驱动器	高效率,小尺寸,强耐久性
	电能装置	通过高能量密度,加长车程;通过热管理系统,增大冷却效率;通过电池的电能,提升汽车燃油经济性
	48V Mild Hybrid	转换器一体型电池系统:通过集成套件形态的设计,减少了体积和重量,减少 CO_2 的排放(符合 EURO 6 标准)
	氢能源电动汽车	驱动车辆时,不释放有害物质;与汽油车辆相比,噪声低
IVI	信息娱乐系统	多种电话连接方式 – Carplay、Android Auto、Carlife、Mirrorlink 等最优化的平台,快速启动,高品质,高 IQS 指数
	CID	使用曲面设计,识别性高的 Optical Bonding 使用塑料,苏打碱和强化玻璃等多种镜头盖
	仪表盘	支持高性能高清晰度显示器;提供多种外部视频输入、输出频道(最多 5CH)
	HUD	低歪曲的高画质,调整画面高度时的噪声小;通过大范围的照光,实现高识别性
	音响系统	高输出的外置扩音机;使用多种创新性材质的扬声器;提供低噪声、原声播放等多种音响便利功能
制动	I – MEB	卓越的安全性,提升方便性,提升燃油经济性
	MEB	
	EPB	
转向	EPS	快捷的反应,柔和的转向,通过轻量化,提升燃油经济性
	Advanced System	缩小转弯半径,提升反应性和安全性,通过轻量化,提升燃油经济性

（三）在华业务布局

1.业绩规模

2018年，现代摩比斯接连成功获得多笔来自中国市场的订单，产品以平视显示器（HUD）、高端音响系统、电机驱动助力转向系统（MDPS）和大灯等尖端产品为主。2018年上半年核心配件的中国市场订单规模已达到4亿2300万美元，与2017年全年总订单额相比，增长了近50%。

2.战略布局

现代摩比斯自2002年进入中国汽车零部件领域，截至2018年底在华共拥有11家分公司。2016年，现代摩比斯在中国江苏悦达新能源电池有限公司设立研发中心，主要做电池模块、电池组研发等电池方向的研发工作，为企业提供技术支持。

表3 现代摩比斯在华公司

公司名称	主营产品	成立时间	地点	配套客户
上海现代摩比斯汽车零部件有限公司	仪表板、横梁、保险杠、前照灯、汽车组合仪表	2001年	上海	北京现代、东风悦达起亚等
北京现代摩比斯汽车零部件有限公司	汽车关键零部件,盘式制动总成、充气减震器	2002年	北京	现代、起亚
江苏摩比斯汽车零部件有限公司	汽车制动总成、驱动桥总成、变速器、发动机	2002年	盐城	东风悦达起亚
北京德洋中车汽车零部件有限公司	保险杠、表盘、水箱支架	2002年	北京	北京现代
北京现代摩比斯汽车配件有限公司	摩比斯售后配件	2004年	北京	—
天津摩比斯汽车零部件有限公司	汽车电子控制制动防抱死系统、安全气囊	2004年	天津	现代汽车集团、北京现代汽车

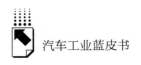

公司名称	主营产品	成立时间	地点	配套客户
无锡摩比斯汽车零部件有限公司	汽车驱动桥总成、柴油车机外排放控制装置、电子制动防抱死系统	2004 年	无锡	现代汽车集团、北京现代汽车
北京韩太汽车部件有限公司	北京现代汽车售后配件提供涂包装服务	2007 年	北京	现代
重庆摩比斯汽车零部件有限公司	汽车模块、车灯、保险杠、制动	2015 年	重庆	现代、起亚
沧州摩比斯汽车零部件有限公司	前后保险杠、盘式制动总成、仪表总成	2015 年	沧州	现代、起亚
江苏悦达新能源电池有限公司	电池模块、电池组	2016 年	盐城	—

3. 产品布局

（1）自动驾驶技术

现代摩比斯将自动驾驶的发展分为两个阶段：2021 年建立高级驾驶员辅助系统传感器产品系列；2025 年在无人驾驶领域获得国际竞争力，成为全球无人驾驶市场领导者。摩比斯有五款自动驾驶传感器正在研发，其中两款是完全自主开发，包括长距离、短距离和侧面雷达组合，可以监视车辆的所有方向，正在开发的雷达模块将从 2019 年开始批量生产，并投入中国市场。摩比斯在摄像头领域已经取得了突破：可识别车辆和路线的多功能摄像头将于 2019 年投入量产；而进行过大规模投资的深度学习摄像头将于 2022 年投入量产。在自动驾驶解决方案上，2020 年将量产 HDA2（高速公路驾驶助手升级版，Highway Driving Assist 2）传感器系统，这一系统将能够为实现 L3 级别的自动驾驶奠定基础，而真正应用到量产车型上有望在 2022 年实现。

（2）制动技术

2018 年，现代摩比斯成为全球零部件企业中第二个、韩国企业中首个正式供应独立开发最先进制动和停车技术的企业，并且完成了各种新一代电动一体化再生制动系统（integtated MOBIS Electronic Brake，iMEB）和远程智能泊车辅助系统（Remote Smart Parking Assist，RSPA）的量产准备。iMEB 以现有再生制动系统中最先进的形态，在机器、软件方面实现了创新。首先开发出了采用液压填充式"制动压力供给部"电动机的电动系统，相互分离的"制动压力供给部"与负责控制车体姿态等30余个高科技制动功能的"制动控制部"实现了一体化。制动控制部不仅采用了前方防碰撞辅助系统（Front Collision Avoidance，FCA）、智能巡航控制系统（Advanced Smart Cruise Control，ASCC）等 ADAS 功能，还采用了电子驻车制动系统（Electronic Parking Brake，EPB）。现代摩比斯的 iMEB 在制动应答性方面，比全球领先产品提高了13%，重量降低了5%，成本比原来的液压填充式分离型系统降低了30%。

（3）转向技术

现代摩比斯（Hyundai Mobis）宣布已成功研发出一款定制双模转向系统，可用于优化自动驾驶汽车。该系统采用冗余控制模式：在自动驾驶状态下，利用两个电子电路，让车辆在任何情况下都能保持正常的转向能力。公司计划在 2018 年底之前完成高速公路、市区和停车场等一般驾驶条件下的验证测试，这一技术的更新也将使现代摩比斯在中国自动驾驶市场上更具备竞争力。

（4）照明技术

现代摩比斯（Hyundai Mobis）研发的世界上首个高级自适应远光（AADB）照明系统，可通过高级驾驶员辅助系统（ADAS）随时开启远光灯，确保驾驶员拥有安全视野范围。高级自适应远光照明系统的差异化竞争力源于现代摩比斯公司实现了摄像头、盲点碰撞警告（BCW）、远光以及汽车导航系统等所有相关核心技术。

（四）在华发展战略

积极与中国企业进行合作。2019年，现代摩比斯投资金额达到55亿韩元，与拥有基于人工智能事物识别、行动模式分析技术的中国企业格灵深瞳构建战略合作伙伴关系，技术合作领域包括车辆安全认证、驾驶者状态监测、车辆内虚拟秘书等。双方将合作开发智能互联新技术，通过分析驾驶者和乘客的面部等判断其情绪状态，提供选择音乐、调整照明等服务。

扩大中国市场，为中国市场提供尖端产品。现代摩比斯2018年在中国市场取得的惊人订单业绩主要归功于其高附加值尖端产品，其中以高端音响系统与平视显示器（Head Up Display，HUD）为代表性产品。为了实现符合汽车特点和实际公路行驶情况的最佳音响系统，现代摩比斯设立了韩国最大规模的音响专用实验室，并开发以"驾驶音乐厅"（Driving Concert Hall）为主题的高端车载音响系统，此类尖端产品在中国收获了广阔的市场。2018年现代摩比斯与中国五大本土整车制造企业中的一家签订了高端音响系统供应合同，订单规模达2亿美元。另外，还与其他中国本土整车企业签订了供应合同，将从2019年起供应规模达3500万美元的平视显示器。HUD是现代摩比斯自主开发的未来型显示器，是今后现代摩比斯计划重点培养的领域之一，有望成为扩大全球市场的主力产品。

二 法雷奥集团

（一）基本情况

法雷奥集团（Valeo）总部位于法国，是一家致力于汽车零部件、系统、模块的设计、开发、生产及销售的工业集团。公司涉及配套及售后业务，是世界领先的汽车零部件供应商，为世界上所有的主要汽车厂提供配套服务。在全球 33 个国家中拥有 113600 名员工、186 个生产基地、40 个开发中心、21 个研究中心。2018 年在全球汽车零部件企业排名中位居第十。

（二）全球发展

1. 业绩规模

2018 年集团营收为 196.83 亿美元，较 2017 年增长 1.67%，位列"2019 年世界汽车零部件供应商 100 强"榜单第十。2018 年法雷奥订单总额增长至 187 亿欧元，其中法雷奥西门子新能源汽车合资公司贡献了 47 亿欧元的订单。法雷奥着重于研发二氧化碳减排技术。作为法国获得专利最多的公司之一，法雷奥将主机厂配套销售收入的 10% 投入研发，在全世界设有 21 个研究中心和 40 个开发中心，拥有 8000 余名研究人员。在强大的研发支持下，创新产品和技术的订单量占法雷奥订单总量的 30%。

2. 跨国合作

2018 年，法雷奥集团积极拓展自动驾驶相关业务，与先进企业开展合作，以期进一步提高竞争力。

表 4　法雷奥跨国合作项目

合作对象	合作内容	合作目标
汽车信息共享和分析中心（Auto – ISAC）	研究网络安全,设立信息共享社区	推进供应商、商用车公司、汽车生产商在车辆网络安全领域的合作
多科莫	研发互联汽车网络及服务	为互联汽车通信服务及车载设备的研发提供辅助
百度 Apollo	自动驾驶相关领域	加快自动驾驶汽车开发、测试以及部署的进程

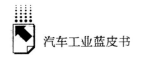
3. 产品业务布局

法雷奥的产品业务布局主要分为五大部门：舒适及驾驶辅助系统事业部、动力总成系统事业部、热力系统事业部、视觉系统事业部、售后市场业务部。

（1）舒适及驾驶辅助系统

未来汽车的自动化和联通性能将越来越强，创新和直觉界面是功能强化的关键因素。舒适及驾驶辅助系统事业部重点关注用户体验，开发了独特的解决方案组合以支持直觉驾驶。这些解决方案使驾驶更安全、更具联通性、更环保。

舒适及驾驶辅助系统有三个产品群——内部控制系统、内部电子件系统、驾驶辅助系统，主要产品包括智能屏幕、无钥匙进入启动系统、360VUE ©。

（2）动力总成系统

动力总成系统事业部的使命是在不降低驾驶乐趣和驾驶性能的情况下开发出降低油耗、减少二氧化碳排放的创新动力总成解决方案。这些创新技术覆盖了全系列产品，从内燃机的优化到不同程度的车辆电气化，从起停系统到电动汽车。

动力总成系统有四个产品群——电器系统、传动系统、内燃机系统、电子技术，其中电子增压器是其技术支撑。

（3）热力系统

热力系统事业部的任务是开发和生产系统、模块和组件，以确保在使用状态下，汽车能有效控制热能，从而保证汽车动力总成系统的良性运转，以及车内乘客的舒适性。这些系统有助于大大降低内燃机车辆的油耗，减少二氧化碳等污染气体和有害颗粒的排放。它们也能增加混合动力车辆和电动车的行车里程和电池寿命。

热力系统有四大产品组——空调系统、动力总成热管理系统、空调压缩机、前端模块，其中可变进气格栅是其技术支撑。

（4）视觉系统

视觉系统事业部设计并生产高效、创新的产品，能够全天确保完美的驾驶视野，从而提高驾驶者和乘客的舒适性和安全性。

视觉系统有两个产品部门——照明系统和雨刮系统，AQUABLADE系统是其技术支撑。

（5）售后市场业务

法雷奥将14条乘用车产品线、8条商用车产品线，根据独立售后市场的专业需求分为维修件、易损件、事故件、后加装件和商用车件五大类。

表5 法雷奥五类专业需求

类别	具体内容
维修件	这类产品包括离合器、发电机、起动机、热系统及开关类产品。此外，法雷奥针对此类产品的需求，提供专业技术的培训及诊断工具
易损件	针对经销商、维修站、车主需求较高的易损产品，法雷奥提供完整的产品系列（包括：雨刮片、滤清器、制动液、防冻液、制动片、制动盘、火花塞、灯泡）帮助客户开展一站式易损件服务
事故件	这类产品主要应用于维修车辆碰撞造成的零部件损坏，如车灯、散热器、冷凝器、车锁或冷却风扇。法雷奥提供的此类完整产品能够帮助修理厂简化其碰撞维修的零部件供应
后加装件	此类产品用于汽车出厂后的配件加装，以提高驾驶的安全性、舒适性和驾驶乐趣。产品包括自动驾驶泊车辅助和个性化配件的定制（照明产品、油箱盖等）
商用车件	此类高技术的产品以及相关的培训和技术支持，能够满足专业的卡车、客车、大巴、农用车和轻型商用车市场的特殊需求

（三）在华业务布局

1. 业绩规模

中国是法雷奥的最大市场：中国市场订单量占集团总量的30%；

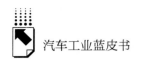

销售额达到 33 亿欧元；55% 的产品来自中国制造。法雷奥在中国的研发费用占全球研发费用的 20%。自动驾驶汽车和二氧化碳减排技术，是驱动法雷奥中国业务长期增长的两大支柱技术。

2. 基地布局

法雷奥在中国有四大事业部：舒适驾驶辅助系统事业部、动力总成零部件事业部、热能系统和可视系统事业部。集团目前在中国拥有 15000 余名员工、29 家工厂、10 个开发中心、3 个研究中心、7 个销售办事处。

表6　舒适与驾驶辅助系统相关公司

公司名称	主营产品	成立时间	地点	配套品牌
福州耐路志电机有限公司	组合开关	2004 年	福州	东风日产、东风本田
法雷奥汽车内部控制(深圳)有限公司	倒车雷达、控制器、探头、扬声器、支架转向柱开关	2005 年	深圳	长春一汽、上海大众、神龙、奇瑞
广州法雷奥发动机冷却有限公司	发动机冷却系统及零部件、模块	2007 年	广州	东风日产、长安福特马自达

表7　动力总成系统相关公司

公司名称	主营产品	成立时间	地点	配套品牌
上海法雷奥汽车电气系统有限公司	发电机、发动机	1995 年	上海	上海大众、上海通用
南京法雷奥离合器有限公司	离合器	1997 年	南京	南京依维柯、上海通用
法雷奥汽车自动传动系统(南京)有限公司	扭矩转换器	2006 年	南京	—
无锡法雷奥汽车零配件系统有限公司	发动机零部件	2013 年	无锡	标志雪铁龙、神龙汽车
法雷奥摩擦材料(南京)有限公司)	摩擦材料	2014 年	南京	—

表 8　热系统相关公司

公司名称	主营产品	成立时间	地点	配套品牌
法雷奥汽车空调湖北有限公司	汽车空调系统、空调总成、电机总成	1994 年	荆州	神龙汽车、长安福特、华晨宝马
一汽 – 法雷奥汽车空调有限公司	平行流冷凝器、管带式冷凝器	1994 年	长春	一汽大众、一汽轿车、一汽解放汽车
华达汽车空调（湖南）有限公司	汽车空调压缩机	1996 年	娄底	中国一汽、东风集团、重庆五十铃
广州法雷奥发动机冷却有限公司	发动机冷却系统及零部件、模块	2007 年	广州	东风日产、长安福特马自达
法雷奥发动机冷却（佛山）有限公司	发动机冷却系统	2009 年	佛山	
法雷奥汽车空调湖北有限公司南京分公司	空调总成、蒸发器、电机总成	2010 年	南京	一汽大众、上海大众、奇瑞

表 9　视觉系统相关公司

公司名称	主营产品	成立时间	地点	配套品牌
台州法雷奥温岭汽车零部件有限公司	雨档雨刮器、车窗洗涤器、雨刮器	1994 年	台州	一汽大众、保定中兴、长城
湖北法雷奥车灯有限公司	前大灯、尾灯	1995 年	武汉	神龙汽车、一汽大众、东风日产
上海法雷奥汽车电机雨刮系统有限公司	雨刮器	1996 年	上海	上海大众、上海通用、中国一汽、一汽大众
沈阳法雷奥车灯有限公司	车灯产品	2012 年	沈阳	长春大众、华晨宝马

3. 研发中心

法雷奥在上海、深圳、武汉设有研发中心，以此来提升在亚太地区业务的技术能力。

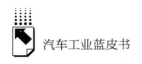

表10　法雷奥在华研发中心

公司名称	业务范围	成立时间	所在地
法雷奥照明系统湖北技术中心	照明系统研发	2004年9月	武汉
法雷奥雨刮系统亚洲研发中心	雨刮系统开发	2008年9月	上海
法雷奥全球电子研发中心	电子硬件设备开发	2011年4月	深圳

（四）在华发展战略

法雷奥集团的两大核心战略是：致力于二氧化碳减排及开发直觉驾驶技术，全面提升在亚洲及新兴国家发展的战略。大力拓展中国市场是法雷奥全球战略中重要的组成部分。

自进入中国以来，法雷奥一直遵循以下四个步骤——拓展在华业务，服务传统的国际客户，发展中国本土汽车企业业务，为中国市场开发本土化产品；在中国开发服务世界市场的技术关注高增长潜力的新兴市场是法雷奥两大核心发展战略之一。中国作为全球较大且发展迅猛的汽车市场，无疑是法雷奥未来发展的重中之重。2018年4月5日，法雷奥在中国华中地区较大的研发中心"法雷奥中国技术中心"开业，这是法雷奥2018年在华完成的首个投资项目。作为世界500强的法雷奥，该技术中心将成为法雷奥在车灯技术和舒适及驾驶辅助系统领域精耕创新技术，扎根中国、服务全球的重要支柱。未来，法雷奥集团将持续加强在研发领域的投入，优化创新产品矩阵。

法雷奥将利用中国的市场环境、工业底蕴和人才资源，进一步巩固集团在车灯领域和舒适及驾驶辅助系统领域中的全球领导地位，并推动中国成为法雷奥服务全球市场的创新"引擎"，为未来的持续增长积攒潜力。

三 佛吉亚

（一）基本情况

截至 2018 年底，佛吉亚在全球 34 个国家拥有 320 家工厂和 94000 名员工，其中包括 30 处研发中心和 5500 名研发工程师。佛吉亚是全球第六大汽车零部件供应商，主要致力于四大汽车产品：座椅系统、排放控制技术系统、内饰系统和外饰系统。

（二）全球发展

1. 业绩规模

2018 年佛吉亚销售额达到 175 亿欧元，实现了 7% 的增长，位列"2019 年世界汽车零部件供应商 100 强"第九。2018 年营业利润达 12.74 亿欧元，实现了 10% 的增长，营业利润率达 7.3%。净利润（集团股份）和每股收益增长 17%，分别达到 7.01 亿欧元和 5.11 欧元/股。净现金流达到 5.28 亿欧元，实现 21% 的增长。按业务划分来看，汽车座椅系统 2018 年销售额总计 74.38 亿欧元，占集团销售额的 43%，同比增长 4.3%。汽车内饰系统销售额总计 54.72 亿欧元，占集团销售额的 31%，同比增长 1.9%。绿动智行系统销售额总计 46.15 亿欧元，占集团销售总额的 26%，同比增长 3.3%。

2. 跨国合作

佛吉亚作为全球十大汽车零部件供应商之一，在 2018 年加速创建创新协作生态系统，加深与整车厂之间的合作关系，还对初创公司进行投资。

表 11　佛吉亚跨国合作项目

合作对象	合作内容	合作目标
柳州五菱汽车工业	组建新的合资公司	将双方合作进一步拓展至绿动智行系统业务领域
中国第一汽车集团	共同开发未来座舱与绿动智行创新解决方案	打造个性化、智能化的车上体验
PROMETHIENT	将热舒适技术和气候控制管理技术应用于汽车座椅系统	增强佛吉亚在座舱热能管理方面的技术实力
海拉	共同研发舱内照明的创新解决方案	打造更具个性化的未来座舱环境

3. 产品业务布局

佛吉亚的产品布局主要分为三个核心业务：汽车座椅系统、绿动智行系统、汽车内饰系统。

（1）汽车座椅系统

佛吉亚在创新的道路上不断前行，打造更优质、更舒适的座椅，在不牺牲安全性的前提下，开发出智能调整座椅、自定义舒适度及其他具有各种新功能、新特性的产品。集团拥有一套完整的汽车座椅产品线：骨架、机构件及驱动部件、发泡垫、座椅覆层、配件、电动及气动系统。

Active WellnessTM 座椅是全球第一款实时监测驾驶员的困倦或紧张状态，并采取相应措施加以缓解的座椅。Active WellnessTM 座椅通过采用传感系统监测心跳、驾乘者或乘客的呼吸节奏以及基于最新医学研究的其他数据。通过一种特殊的按摩模式及座椅通风系统提供新鲜气流，让疲倦的乘客精神焕发或帮助处于紧张状态的驾驶员放松下来。

（2）绿动智行系统

佛吉亚在排放控制技术、轻量化技术、声效性能和能量回收方面为汽车制造商提供具有前瞻性的解决方案，在减少污染排放方面做出了诸多贡献。

表 12　绿动智行系统

系统名称	技术优点
排放控制技术	有效减少柴油发动机的氮氧化物排放量
排气热量回收系统	回收排气系统中高达75%的排气热能，用以使驾驶舱更快变暖或加热
轻量化技术	减轻车体重量，同时控制生产成本，也可以帮助汽车制造商提高燃油效率

（3）汽车内饰系统

佛吉亚在汽车内饰领域主要研发和生产下列产品：汽车面板和中央控制台、驾驶舱成品、车门面板和模块、车载音频产品和模块、车内装饰（喷漆、薄膜、铝材、木材等）。切割和缝制是佛吉亚的技术亮点之一，被广泛用于真皮配饰加工和聚亚胺酯或PVC热固性塑料部件的加工。佛吉亚采用种类繁多的材料（木材、皮革、皮毛、织物、抛光或哑光铝材等）和技术，为汽车面板、车门面板、中央控制台等细分市场提供全方位的内饰个性化选择。同时，佛吉亚致力于研发和运用可再生、生物来源的材料，以配合其打造更轻便汽车的长期战略。例如天然纤维注入技术可将植物纤维和天然松香结合起来，与传统材料强化玻璃聚丙烯材料相比，这种新材料重量减轻25%。

（三）在华业务

1.业绩规模

2018年佛吉亚亚洲区域市场销售额总计32.57亿欧元，占集团销售额的19%，同比增长11.1%。其中，中国市场占整个亚洲区销

055

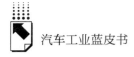

售额的 77%，占集团销售额的 14%。佛吉亚的三大核心业务现均已进入中国市场。未来，佛吉亚将进一步深化中国战略，并深耕中国市场。佛吉亚中国总部位于上海，在华拥有近 17000 名员工（其中包括 1700 名工程师与技术人员）。

2. 基地布局

（1）生产基地

佛吉亚的业务遍布中国六大汽车产区，在哈尔滨、长春、沈阳、秦皇岛、天津、廊坊、北京、烟台、青岛、盐城、南京、无锡、上海、杭州、宁波、武汉、襄阳、长沙、南昌、广州、东莞、佛山、成都、重庆等城市拥有工厂。截至 2017 年底，佛吉亚在中国已建立 53 家工厂与 4 家研发中心，为众多国际及国内汽车生产商提供最优质的产品及服务。佛吉亚在中国的客户包括一汽大众、上汽大众、神龙公司、东风有限（日产）、上汽通用、长安福特、长安 PSA、宝沃、吉利、沃尔沃、长城、比亚迪等。

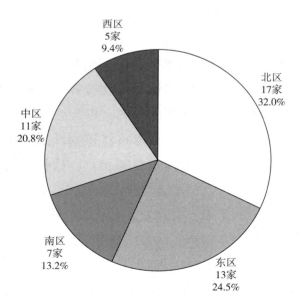

图 1　佛吉亚在中国工厂分布

（2）研发中心

佛吉亚目前在中国有四家研发中心，每个研发中心在测试、创新等产品开发方面都有非常强的实力，研发出的产品不仅仅服务于中国市场，也供应到全球范围内的汽车厂商。

表13　佛吉亚在华研发中心

研发中心	所在地	业务
佛吉亚排期控制技术开发(上海)有限公司	上海	排期控制技术开发
佛吉亚汽车座椅中国研发测试中心	无锡	提升佛吉亚中国汽车座椅的研发和生产能力
佛吉亚绿动智行系统中国研发中心	上海	轻型乘用车的技术研发及试验、商用车的技术研发及试验
佛吉亚(武汉)汽车座椅工业园	武汉	座椅系统设计开发

3. 战略布局

（1）技术研发

佛吉亚中国一直致力于绿动智行业务，这恰恰迎合了目前国内大力推行的国六政策。目前氢燃料是一个真正可以做到零排放的解决方案。中国政府现在对氢燃料技术的发展给予了比较大的支持，随着电池补贴逐步减少，燃料电池是国家重点支持的一个领域。佛吉亚计划在接下来的1~2年里在中国建立起氢燃料的生态系统，特别是将来加氢站的建设，这些都离不开政府的支持。佛吉亚也一直希望能够通过与政府的关系可以更快地实现技术落地，来支持氢燃料的发展。

（2）资源配置

从资源配置方面，过去两年佛吉亚在整个中国区商用车研发能力方面做了大量资源的投入，目前无论是经验还是人员，与以前相比都有了非常大的提升。客户方面，佛吉亚目前已经和主要的发动机厂——潍柴、玉柴、康明斯，主要的OEM——东风建立了国六战略

合作关系，并且相关产品也已经搭配客户的发动机进行一些实验。到2019年上半年按照计划完成部分工作，去支持2019年7月1日在部分地区国六的投放，一直到2020年大面积投放。

（四）产品开发

在技术创新领域，佛吉亚旗下的 Parrot Faurecia Automotive 宣布将 Qt 应用于下一代数字仪表组的人机界面（HMI）技术上。Parrot 在高级驾驶舱服务器上搭载基于安卓操作系统的车载信息娱乐系统和基于 Qt 的 HMI 技术。Qt 的设备创建框架和工具链具备最新的集群功能和丰富的多操作系统集成功能，可实现从设计人员的愿景到目标实施的快速迭代开发；此外，还发布将车内各种功能与造型整合的"智能表面"，通过每个座位的乘员聆听不同的音乐实现舒适的声学体验的"噪声消除技术"，与马勒（Mahle）共同开发的智能高效温控解决方案；佛吉亚子公司 Parrot Faurecia Automotive 宣布，在巴黎车展上展出了具有信息娱乐系统、导航、座椅功能的确保无缝连接和舒适性的语音助手最新技术。Parrot Faurecia 发布了该公司在软件开发和电子设计方面拥有的自主专业知识和集成佛吉亚内饰系统的语音激活驾驶舱和演示器。据称可以整合离线和在线双方的语音助手。

在新能源领域，佛吉亚将展出 Stelia Composites 和法国核能与替代能源机构（CEA）合作开发的适用于商用车解决方案的燃油箱和燃料电池堆技术。

在智能网联领域，佛吉亚与采埃孚（ZF）开发的具有新前排座椅和后排座椅结构的解决方案，优化自动驾驶车辆的所有座椅位置和方向的个人舒适性和安全性；佛吉亚（Faurecia）与采埃孚开发出无手柄和踏板的4级自动驾驶显示器概念"Trendsetting Cockpit"，提高了灵活性并简化了驾驶中的操作。面向轻型商用车的该概念在手动驾驶时驾驶员也能通过中控台的控制杆来选择坐在前排座椅的左侧还是右侧。在手动驾驶时利用控制杆，即可用一根手指头实现加速、制动和改变方向。触摸屏放置在中央，可以从任何一侧操控信号灯、喇叭、雨刷等。取代原来的操作和显示装置，在仪表板上的左右两侧集成了两个监控器。

在节能领域，佛吉亚将在德国汉诺威举办的 IAA 国际商用车车展上展出提高了燃效和空气质量、实现零排放和追求驾驶员舒适性的最新技术。佛吉亚旨在优化高压罐堆，将先进燃料电池技术投入实际使用，与 Stelia Aerospace Composites 开展合作，正在开发轻型低成本的 350·700bar 高压氢气罐。在 IAA 上展出了可最多去除 99% 氮氧化物、功能强大且优化重量的卡客车用氮氧化物去除系统 ASDS，使用电子能源加热废气来激活催化剂的最先进电热催化剂（EHC）技术，以及符合 CARB 和欧 7 等新排放法规的超低 NOX 化技术。

四　舍弗勒

（一）基本情况

舍弗勒集团是全球领先的综合性汽车和工业产品供应商，凭借高精密的发动机、变速箱及底盘部件和系统，以及滚动轴承和滑动轴承解决方案，为实现"高效驱动，驰骋未来"（mobility for tomorrow）愿景做出决定性贡献。舍弗勒集团在全球拥有超过 92500 名员工，是欧洲最大的技术型家族企业之一。集团在 50 个国家设有约 170 家分支机构，形成了一个集生产基地、研发中心、销售公司于一体的全球性网络。根据德国专利商标局（DPMA）数据，舍弗勒在 2018 年注册了 2400 多项专利，是德国第二大最具创新力的公司。

（二）全球发展

1. 业绩规模

2018 年，尽管汽车市场表现疲软，汽车主机业务利润率下滑，但

集团营收依然高于市场整体水平。舍弗勒集团 2018 年营收约为 142 亿欧元（约合人民币 1076 亿元）；利润方面，不计特殊项目的息税前利润为 13.81 亿欧元（约合人民币 105 亿元），较 2017 年有所下滑。舍弗勒在全球多地设立了研发中心，包括欧洲、北美、中国、日本等国家和地区，研发资金主要流向新能源、自动驾驶、互联驾乘和运输领域。

2. 跨国合作

长期以来，舍弗勒集团坚持推行产业全球化发展战略，期望通过全球化的资源配置，进一步提升自身竞争力。通过大规模的国际国内合作，舍弗勒集团在技术创新、产品升级和业务范畴上都取得了较大突破。

表 14 舍弗勒集团主要国际国内合作

合作对象（或方式）	合作领域	合作目标
CMBlu Projekt AG	电动汽车的充电设施	共同开发大规模储能系统
上海国际汽车城	新能源汽车市场	提升本土研发和创新实力
三菱电机	状态监测系统	为企业数字化转型提供支持
收购 Elmotec Statomat	新能源汽车市场	推动新能源汽车的技术发展和升级
中国汽车技术研究中心有限公司	收购智能驾乘服务提供商 Quantum Inventions 公司	旨在帮助大陆开拓持续增长的智能交通系统业务
收购 Paravan	自动驾驶车辆	发展线控驱动技术
采埃孚	铁路行业机械动力传动系统	通过分析基于状态的保养措施和运行数据，从而延长保养周期，减少停机时间

3. 产品业务布局

舍弗勒的产品业务布局主要分为三大部门：汽车主机事业部门（Automotive OEM）、售后市场部门（Automotive Aftermarket）、工业机械部门（Industrial）。

2018 年，汽车主机事业部营收约为 89.97 亿欧元，按固定汇率增长 2.1%。其中，电驱动业务增长率最高，按固定汇率增长 18.1%。不

计特殊项目的息税前利润，较 2017 年所有下降。为了提升利润率，
舍弗勒集团宣布推出一项名为 RACE 的全新战略计划，在提升汽车主
机业务资本效率的同时，优化产品组合。

2018 年，汽车售后事业部营收达到 18.59 亿欧元，按固定汇率增长
2.2%。其中，大中华区汽车售后业务同比增长 36.5%；亚太区增长 12.5%；
欧洲区增长 2.5%；受 2017 年一次性业务影响，美洲区同比下降 5.2%。

2018 年，工业机械部营收大幅增长至约 33.85 亿欧元，按固定
汇率增长 10.1%。得益于良好的市场环境，原材料、铁路、能源运
输和非公路机械行业都达到了两位数的增长。从全球范围内看，按固
定汇率计算，舍弗勒大中华区工业机械部同比增长最高，达到
25.4%；美洲区增长 9.7%，欧洲区增长 7.3%，亚太区增长 5.6%。

舍弗勒的产品涉及发动机系统、变速器系统、底盘系统及配件、
主动侧倾控制系统，各个系统的细分产品如表 15 所示。

表 15   舍弗勒各个系统主要产品

系统	零部件	主要产品
发动机系统	标准气门机构	机械挺杆、液压挺杆、指型从动件、摇臂、凸轮杆
	可变气门机构	UniAir – 可变电子液压气门控制系统、凸轮换挡系统、机械开关挺杆
	凸轮轴相位调节系统	链传动的凸轮轴相位调节装置、皮带传动的凸轮轴相位调节装置、电磁阀、机电凸轮轴调相单元
	发动机轴用滚子轴承	平衡轴用滚子轴承支架、凸轮轴用滚子轴承支架、曲轴用滚子轴承支架、轻型平衡轴
变速器系统	变速器及后桥驱动用轴承支架	滚针轴承、滚珠轴承、行星齿轮组、角接触球轴承
	离合器、换挡系统、同步器	离合器从动盘、离合器分离轴承和离合器释放系统、峰值扭矩限制器
	自动变速器用产品	CVT 用滑轮组、CVT 用链条、液力变矩器、变矩器锁止离合器

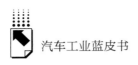

系统	零部件	主要产品
底盘系统及配件	底盘用轴承	麦弗逊式支柱轴承、弹簧座轴承、万向节轴承、三辊
	转向柱轴承及零部件	转向柱轴承、夹紧装置、直线轴承和位移轴承、助力转向泵轴承
主动侧倾控制系统	混合动力和电动驱动系统	电动轮毂驱动、电桥驱动、48V 混合动力模块、轻度混合动力和微型混合动力驱动

4. 研发体系

2018 年，舍弗勒研发费用为 847 百万欧元，占销售额比重为 5.9%。截至 2018 年底，平均研发员工人数达 7956 名。舍弗勒在欧洲地区的研发基地布局最多，达 12 个。舍弗勒宣布，将投资 6000 万欧元强化德国布赫（Buhl）基地。在此次的项目中，将新建最新的开发大楼和汽车主机事业部门。舍弗勒在布赫、美国伍斯特（Wooster）和中国安亭镇新建了新总部主导的电动出行能力中心。布赫基地的总面积达 23400 平方米，计划新建可供约 500 名员工使用的办公区、食堂、会议区、试制生产设施、测试设备等。预计今后数年内将主要在电动出行领域创造出 350 个就业岗位。

（三）在华业务布局

1. 业绩规模

舍弗勒已经成为中国汽车和工业领域重要的供应商和合作伙伴。集团于 1995 年开始在中国投资生产，2018 年在华销售总额达 2661 百万欧元。

2. 在华基地布局

目前，舍弗勒集团在安亭设有研发中心，在太仓、苏州、银川、南京等地设有 8 座工厂，在北京、上海、沈阳、广州、南京、济南、成都、武汉、太原、重庆、西安、天津、大连、杭州、长沙、哈尔

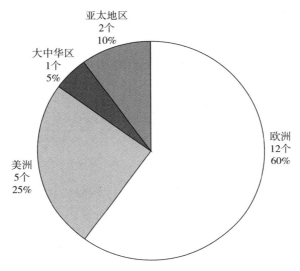

亚太地区
2个
10%

大中华区
1个
5%

欧洲
12个
60%

美洲
5个
25%

图2　舍弗勒全球研发基地

滨、郑州、无锡、苏州、香港、台北、台中等全国各地设有22个销售办事处。从2016年起，舍弗勒大中华区连续4年被评为"中国杰出雇主"（China Top Employer）企业。

从员工规模上来看，中国已经成为舍弗勒集团的第三大市场，舍弗勒大中华区拥有员工约1.3万人，致力于为中国市场提供定制化的解决方案。

表16　舍弗勒在华生产基地

名称	地点	主要业务
舍弗勒投资（中国）有限公司	上海	管理舍弗勒在华各投资企业
舍弗勒贸易（上海）有限公司	上海	负责舍弗勒产品在中国大陆的销售和售后服务
舍弗勒（中国）有限公司，一厂	太仓	主要生产汽车发动机零部件
舍弗勒（中国）有限公司，二厂、三厂、四厂	太仓	主要生产汽车底盘和带链系统零部件、汽车离合器系统和自动变速箱、滚针轴承以及传动系统
舍弗勒摩擦产品有限公司	苏州	乘用和商用车离合器摩擦片及原料

续表

名称	地点	主要业务
舍弗勒有限公司	宁夏	铁路轴箱轴承、深沟球轴承、圆锥滚子轴承、圆柱滚子轴承，提供铁路轴承大修服务
舍弗勒有限公司	南京	精密轴承、精密传动部件和汽车发动机零部件
舍弗勒有限公司	湘潭	汽车零部件和精密轴承

3. 新兴领域业务布局

在新能源领域，舍弗勒和中国汽车技术研究中心（CATARC）在合作框架内达成协议，将在新能源车（NEV）的多个技术领域内进行密切合作。两家公司旨在整合先进资源，构建具有高竞争力的合作体制，推动技术开发和企业发展。

在智能网联领域，舍弗勒宣布搭载自动驾驶技术 Space Drive 的残疾人用车辆 Schaeffler Mover 实现了无事故行驶 7 亿多公里。Space Drive 是和 Paravan 的合资公司 Schaeffler Paravan Technologie 开发的线控驱动技术。舍弗勒将在 CES 2019 上进行搭载 Space Drive 的轮毂电机、悬架、融合电动机械式转向系统的节省空间型驱动模块 "Schaeffler Intelligent Corner Module" 的演示。

4. 战略布局

在总体布局方面，预计乘用车和轻型商用车产量将下降约 1%。此外，预计全球汽车保有量增速低于 2018 年，且汽车平均使用寿命几乎未发生变化，售后业务预计将略有增长。与此同时，宏观经济环境显示全球工业产量增长已放缓。基于这些趋势，舍弗勒预计 2019 年营收增长 1%～3%。

在研发投资方面，舍弗勒在 Debrecen 的 FAG 产品工厂新建了生产车间。投资 8000 万欧元新建的 22000 平方米的车间配备具有最先进研磨技术的新设备等。由于扩建工厂，预计在未来几年中将新增 500 个就业岗位。将在该工厂生产面向欧洲市场的轴承；舍弗勒发布持续提高汽车 OEM 业务部门的效率并优化产品组合的 RACE 项目。预计项目第一阶段将整合欧洲的工厂网络，减少 900 名员工，其中包含德国国内 700 名员工。此外，考虑到《国际财务报告准则第 15 号》，将 2019 年和 2020 年汽车 OEM 业务部门的研发费比例限制在 8% ~ 8.5%，将设备投资额限制在 9 亿欧元以下。该公司将在未来 3 年内，将电动移动出行和底盘机电相关的订单增加至每年 15 亿~20 亿欧元。

在零部件配套方面，舍弗勒宣布开始量产配套奥迪 EV SUV e - tron 的变速器。该产品在德国黑措根奥拉赫（Herzogenaurach）和布尔（Buhl）开发和生产，除了高舒适度和最佳降噪性能之外，还可提供最大程度的驾乘乐趣。配套 e - tron 的变速器有平行轴和同轴两种设计。预计将于 2019 年开始量产配套奥迪的变速器，未来最大年产能可达 25 万套。此外，计划于 2019 年第二季度开始生产配套德国大型整车厂的变速器，在最大年产能为 4 万套的黑措根奥拉赫工厂生产；舍弗勒宣布，作为卓越计划 "Agenda 4 plus One" 的一部分，将重组英国的业务活动。该重组计划在实施之前预计最长需要 2 年时间。该公司将关闭 Llanelli 和 Plymouth 两家工厂，将业务搬迁至美国、中国、韩国、德国的现有基地。目前，Plymouth 工厂生产工业主轴轴承和机械零部件、航空和国防产业的特殊轴承。此外，Llanelli 工厂还生产汽车机械挺杆和特殊轴承。

五　重庆凯瑞动力

（一）企业基本情况

重庆凯瑞动力科技有限公司成立于 2012 年，注重天然气发动机、新能源汽车控制技术和关键零部件等的技术研究，现已成长为集燃气系统、新能源电驱动、燃气发动机三大业务板块的研发、生产、销售、服务于一体的专业化清洁能源动力系统供应商。

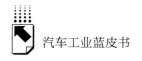

（二）产业布局

1. 市场地位

公司自成立以来，已为裕隆、长安铃木、上汽通用五菱、江淮、江铃、长城、小康、力帆等 30 多家整车和发动机企业提供技术和产品服务，并受到客户的肯定。

在燃气控制系统领域，公司累计为国内外企业开发了 130 余款整车和发动机产品，已在长安铃木、吉利、江淮、长城、广汽乘用车、一汽海马、长安跨越等企业的 30 余款燃气汽车及发动机上实现批量应用，当前 OEM 市场占有率约为 30%。在电驱动系统领域，已完成在微型客车、微型货车等城市物流纯电动车型的搭载，实车性能测试达到客户要求，并优于竞品表现。

2. 主要产品

凯瑞动力的主要产品涵盖天然气发动机和天然气汽车的控制系统和供气系统、新能源汽车电驱动系统、天然气发动机动力总成、氢燃料电池汽车供氢系统等。

在燃气汽车系统领域，公司拥有完全自主知识产权的燃气控制系统，可为整机、整车 OEM 提供天然气发动机、汽车开发和批量生产配套的完整解决方案。此领域的主要产品如下。满足轻型车国六排放的单一 ECU 准单燃料系统：①单 ECU 进气道多点顺序喷射，内置峰值保持型喷嘴驱动；②油气两用燃料系统，汽油启动自动切换，预留燃气启动模式；③两路燃气泄漏报警监控，声光报警功能；④卓越燃气零部件性能，优秀的冷启动表现；⑤全生命周期排放监控，国六 b 排放水平。满足重型车国六排放的燃气单燃料系统：①天然气单燃料多点顺序喷射系统，基于扭矩模型控制，瞬态响应快，支持电控增压控制；②32 位处理器，集成式 OBD 诊断系统，集成喷嘴驱动，点火模块，支持多路 H 桥控制；③柔性应用，兼容 24V/12V 电源系统，兼容4、6缸；④发动机和整车附件管理，支持PTO、远程油门、启动保护、排气制动等特殊功能；⑤CAN XCP标定协议，支持INCA/CANoe等国际主流标定软件，支持SAE1939整车网络通信协议。

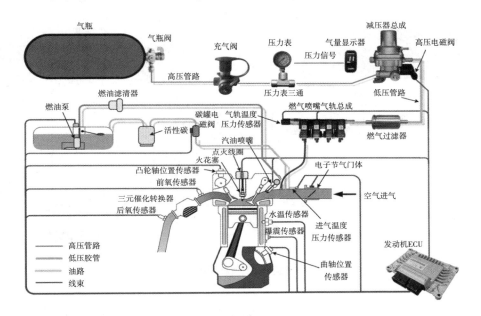

图3　ECU准单燃料系统示意

在燃气系统关键零部件领域，凯瑞动力产品覆盖气瓶、减压器、燃气喷嘴、泄漏报警装置、气量显示开关、压力表、燃气传感器等全套燃气系统产品，可为客户提供一站式燃气汽车开发解决方案。

在商用车领域，凯瑞动力开发了EDS120驱动电机+高速减速器的驱动总成方案和EDB23-85集成式电驱动桥方案。EDS120驱动电机+高速减速器的驱动总成方案面向4.5吨级纯电动商用车设计，采用12000转/分钟以上的高速电机和减速器，保留了传统动力车辆的后桥。该电驱动系统具有高功率、大扭矩、小尺寸、轻量化、成本低、系统简单、可靠性高等优点。与直驱电机相比，电机扭矩减小2/3，重量减少约50%。EDB23-85集成式电驱动桥方案面向2.5～

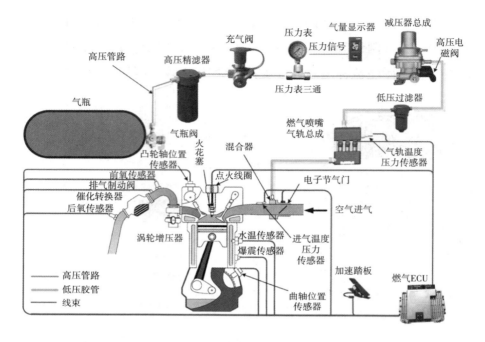

图4　燃气单燃料系统示意

3.5 吨级的商用车驱动桥设计，将电机、减速器与原车主减速（后桥）进行重新集成设计，实现了一体化，采用二级减速可取消原车传动轴、主减速器。该系统可输入扭矩大，针对高速电机匹配，最高转速可达12000 转/分，效率明显提高。

在电驱动领域，公司的主要产品包括 IPU120、EDB23 – 85 电驱动桥、整车控制器 – VCU。IPU120 采用英飞凌六合一 IGBT 模块（HP_Dirve）和 Aurix 系列，单片机（TC275）作为主控芯片，符合 ISO26262 功能安全要求，具有结构紧凑、重量轻、功率密度高、控制精度高的特点。EDB23 – 85 电驱动桥采用了二级减速，最高转速可达12000 转/分，可输入扭矩大，针对高速电机匹配，效率明显提高。整车控制器 – VCU 拥有双控制芯片的硬件系统架构，12/24V 双平台电源，符合 ISO26262 标准，采用全密封设计确保其防水防尘性能达到 IP67 等级。

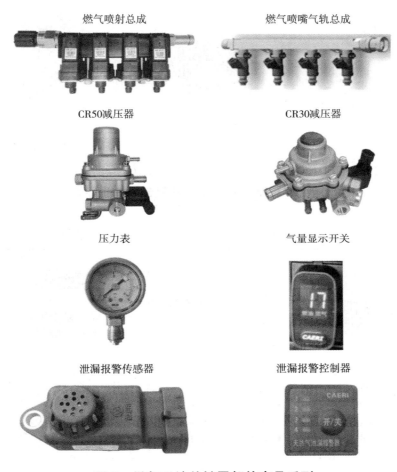

图 5 燃气系统关键零部件产品系列

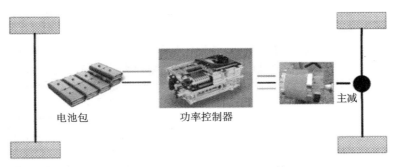

图 6 EDS120 驱动电机 + 高速减速器的驱动总成方案示意

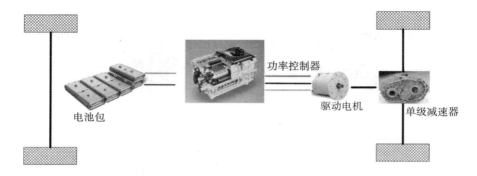

图 7　EDB23 - 85 集成式电驱动桥方案示意

表 17　凯瑞动力的电驱动主要产品和技术参数

 IPU120	 EDB23 - 85 电驱动桥	 整车控制器 - VCU
主要技术参数： • 工作电压平台：≤384V • 最大输出电流：450A • 持续输出电流：200A • 最高输出频率：1000Hz • 系统峰值功率：120kW • 系统持续功率：60kW • 系统持续扭矩：170Nm • 系统峰值扭矩：350Nm • 扭矩精度：±3Nm • 系统最高效率：95% • 冷却方式：水冷 • 防护等级：IP67	主要技术参数： • 最大输入扭矩：200/280Nm • 最高输入转速：12000r/min • 传动效率：≥96% • 噪声：≤78dB • 减速比：11.72/12.96 • 传动方式 • 平行轴二级圆柱齿轮 • 匹配电机：30/60kW	主要技术参数： • 输入电源： 　12V/24V 常电 • 传感器电源： 　4.95V~5.05V@250mA • 数字输入： 　5 路高有效(2 路兼容 PWM)和8 路低有效(2 路兼容 PWM) • 模拟输入： 　9 路@0 - 32V 和 6 路@0 - 5V • 低边驱动： 　4 路 1A 和 8 路 500mA • 高边驱动： 　4 路 500mA 和 2 路 1A • H 桥驱动：35A@25℃ 和 20A@105℃

在燃气发动机产品领域，凯瑞动力和江铃汽车股份合作开发了 CR4N29 燃气发动机。该发动机是一款高性能国 Ⅵ 燃气专用发动机，以江铃 JX4D30 柴油机为原型机进行开发。整机从设计、开发到零部件采购、生产制造的各个环节均达到高品质需求：开发过程执行了福特体系的标准和流程；零部件采购采用了福特全球采购系统；按照江铃福特的试验规范进行超强可靠耐久试验；远远超过国家标准，质量稳定可靠，设计 B10 寿命达到 40 万公里。

表 18 CR4N29 燃气发动机主要技术参数

CR4N29 燃气发动机

型号	CR4N29C6B	CR4N29C6A	CR4N29C6C
型式	直列四缸、四冲程、水冷、增压中冷、四气门、双顶置凸轮轴		
缸径 × 行程（mm）	95 × 102		
发动机排量（L）	2.892		
压缩比	12		
点火方式	分缸顺序点火		
点火顺序	1 − 3 − 4 − 2		
燃料	CNG/LNG		
额定功率/转速（kW，r/min）	85/3200	96/2800	103/2800
最大扭矩/转速（N·m，r/min）	285/1600 ~ 2600	360/1400 ~ 2200	400/1600 ~ 2200
外特性最低燃气消耗率（g/kW.h）	218	209	205
怠速转速（r/min）	750		
噪声 dB（A）	<80		
排放水平	满足 GB17691 标准第 Ⅵ 阶段排放限值要求		
质量（kg）	280		
外形尺寸（mm）	809 × 768 × 733		

（三）科研创新平台

凯瑞动力是中国汽车工业协会燃气汽车分会秘书处所在单位，拥有国家燃气汽车工程技术研究中心、替代燃料汽车国家地方联合工程实验室、重庆市电动汽车系统工程技术研究中心、电动汽车驱动系统重庆市工业和信息化重点实验室等国家级、市级科研平台。

国家燃气汽车工程技术研究中心是科技部批准的汽车行业首个国家级工程中心，集产品开发、试验研究及应用推广于一体，是燃气汽车的技术开发中心、成果转化中心、人才培养中心。该中心主要着力于研发并推广应用燃气汽车，如 CNG、LNG、LPG，以及其他相关的代用燃料汽车。中心自成立以来，承担并完成了大量国家 863、支撑计划项目、重庆市科技攻关课题，在燃气汽车开发、测试与标定、发动机控制系统等方面积累了丰富的经验。中心服务于汽车节能减排和资源高效利用的国家战略，以突破汽车行业瓶颈的电控核心技术、推动产业发展为目标，形成了完全自主的两用燃料、单燃料、双燃料三大电控系统核心技术，及减压器、燃气喷嘴等专用关键部件产品，能够满足国V、国VI排放法规的要求。中心在国内率先建成了燃气汽车与发动机技术研发平台，建立了具有国际先进水平的轻、重型燃气发动机和整车的集成创新开发流程、技术体系和技术装备，开发出具有完全自主知识产权的全系列燃气汽车系统技术，引领和支撑了我国内燃气汽车的发展。

燃气汽车研究中心主要研究方向：燃气汽车与发动机关键零部件的研发及评价，汽车整车与发动机燃气化设计开发及评价，燃气汽车与发动机试验研究及评价，燃气汽车与发动机排放控制试验研究，燃气汽车与发动机关键零部件试验设备设计开发。中心具备满足国VI排放标准的发动机研发测试能力，拥有 AVL 电力测功机、直采排放分析仪、颗粒计数器 PN、颗粒质量分析仪（PM）、氨分析仪、燃烧分析仪、天然气气体组分分析仪关键设备等。

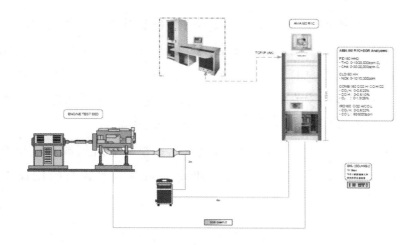

图8 排放采样分析系统示意

替代燃料汽车国家地方联合工程实验室旨在提高汽车产业自主创新能力和核心竞争力，突破产业结构调整和重点产业发展中的关键技术装备制约，强化对国家节能减排重大战略任务、重点工程的技术支撑和保障。主要任务是建成完善的国内一流整车、发动机测试评价实验室，满足欧Ⅴ及以上排放标准；开展替代燃料汽车、关键零部件核心技术攻关和关键工艺的试验研究，支撑和引领行业技术发展；开展产业化技术开发研究，促进重大科技成果应用；研究国内外产业政策和行业技术标准，引导汽车产业科学发展开展。

实验室已成为一个综合实力国内一流的替代燃料汽车测试、研发中心，为替代燃料汽车的开发、试验研究、产品规模化生产服务。实验室的主要研究方向包括发动机测试评价技术，替代燃料汽车关键技术及产业化应用，替代燃料发动机关键零部件核心技术及产业化应用。

重庆市电动汽车系统工程技术研究中心于2015年由重庆市科委批准组建，现已发展成为国内汽车行业最主要的独立研究机构，拥有较强汽车技术研发能力、一流试验设备和较高行业知名度，成为集研发、生产、销售于一体的新能源汽车动力系统解决方案供应商。中心围绕电动汽车研发、测试、分析以及评价开展完善的电动汽车研究工作，取得了平稳较快的发展。承担了央企联盟共性技术项目、科技部电动汽车重点科技攻关项目、863 科技计划电动汽车重大项目、省部级科技攻关重点项目、国外基金组织项目等 20 余项。

电动汽车系统研究中心主要研究方向：整车系统集成与整车控制技术研究、电驱动系统及控制技术研究、动力电池成组应用技术研究、研发平台建设。

混合动力总成试验室–单侧功机　　　混合动力总成试验室–双测功机

图9　混合动力总成实验室

电动汽车驱动系统重庆市工业和信息化重点实验室于 2016 年由重庆市经信委批准组建，是集技术合作开放服务、技术咨询服务、测试评估服务和人才培养于一体的电驱动系统研发基地，形成了产、学、研、用为一体的运营机制，为新能源汽车企业提供电驱动动力系统技术服务和产品供应。

电动汽车驱动系统实验室的主要研究方向：电动汽车整车系统集成与整车控制技术研究、电驱动系统及控制技术研究。

（四）创新发展经验

1. 不断提升创新能力

公司自成立以来，致力于科研成果的产业化，先后为国内外 30

多家整车和发动机企业开发了 130 余款天然气汽车和天然气发动机、20 余款纯电动汽车。

公司共有员工 150 人，其中研发人员 58 人、博士 2 名、硕士 15 名，享受国务院政府特殊津贴专家 2 名。公司承担了国家省部级以上科研课题 60 余项，拥有燃气汽车、电动汽车整车及零部件关键技术，取得了 70 项专利，其中 29 项发明专利，20 余项软件著作权。多次参与汽车科技规划和产业政策的研究和起草工作，并组织或参加了多项国家和行业技术标准和规范的制定工作。公司与重庆大学、江苏大学、湖南大学、西安交通大学等国内知名大学建立交流与合作关系。科研成果曾获得"中国汽车工业科技进步一等奖""重庆市科技进步奖一等奖""中国汽车工程学会科技进步三等奖"等 20 余项奖励和荣誉。

2. 加快制造能力升级

公司投资 5000 万元建设产业化生产基地，已形成 8 万套/年系统零部件的生产能力，成为国内知名的清洁能源汽车系统供应商。已建成 10000 平方米的生产车间，拥有 3 条燃气零部件生产线、4 条装配线，拥有加工中心、车削中心、钻攻中心和精密数控车床等先进加工设备 50 余台套及 30 余台套检测设备，年产燃气系统 8 万套。目前，公司投资 1000 万元左右建设智能数字化生产车间，提高生产效率，减低质量损失率，在 2020 年产能将达到 23 万套。

公司通过 IATF 16949 质量体系认证，产品获得第三方认证机构认证。将质量体系应用于生产经营中，不断改进制造体系，坚持严格的精益管理标准，极大提升公司运营效率，确保安全生产、产品质量和成本效益。

子行业篇

Sub Industry Reports

B.5
驱动电机子行业发展报告

摘　要：　车市寒冬中，新能源汽车市场是少有的亮点之一，短
期内仍有望保持上涨态势。根据中国汽车工业协会预
测，2019年中国新能源汽车销售160万~170万辆，同
比增长30%左右。新能源汽车的快速发展给驱动电机
带来了巨大的发展机遇，电机技术的发展已成为行业
关注的热点。本文重点分析驱动电机及控制器的产品
和技术趋势，详细阐述国内外新技术、新产品、核心
零部件发展、市场发展等内容，并结合现阶段行业发
展的问题提出建议。

关键词：　新能源汽车　驱动电机　控制器

一　行业发展概况

我国新能源汽车产业继续高速增长，促进了驱动电机产业的发展壮大。据中国汽车工业协会统计数据，2018 年我国新能源汽车产销分别为 127.05 万辆和 125.62 万辆，同比增长 59.92% 和 61.74%，增速分别提高 6.1 个和 8.4 个百分点。新能源汽车市场的发展极大地带动了上游"三电"产业的发展。就电机行业来讲，2018 年中国新能源汽车电机出货量为 141.78 万台，同比增长达 50.8%。其中乘用车电机占比 83.09%，客车电机占比 8.23%；专用车电机占比 8.68%。从产品类型来看，永磁同步电机因体积小，质量轻，峰值效率更优越等优势占据电机市场的主流地位：2017 年、2018 年永磁同步电机占比均超过 75%，异步电机占比约为 20%。从驱动电机、电机控制器、变速器、电驱动总成到主要关键零部件和材料，我国驱动电机的完整产业链已经形成。

自主驱动电机始终占据国内市场的绝对主体地位，竞争格局尚未固定。2018 年我国驱动电机、电机控制器和电驱动总成的自主配套比例超过 95%，在新能源公交客车、纯电动卡车和纯电动物流车领域，自主配套比例达 100%。2018 年的前十位电机配套企业依次为比亚迪、大洋电机、巨一动力、精进电动、联合汽车电子、大地和、合普动力、华域电动、英博尔和方正电机，合计出货量达 103.36 万台，占电机出货总量的比例超七成。从企业的市场占有情况角度来看，当下国内新能源汽车电机行业由三大势力占据：布局上游产业链的整车厂、从事新能源汽车电机电控供应的专业企业，以及涉及其他领域电机生产的传统企业。主要呈现以下特点。

1. 布局产业链上游的整车厂

大多具备丰富的整车或零部件研发制造经验，电机与整车的设计

生产能够达成较好的同步性和匹配性。此类企业的电机产品大多用在自有品牌整车上，有利于对整体成本的控制。代表企业包括比亚迪、北汽新能源、江铃新能源等。

2. 专业企业

从事新能源汽车电机电控供应的专业企业多由海外归国人才或科研机构学术带头人创建，具有较强的研发和创新实力。专业企业生产出的电机产品不仅为我国新能源汽车进行配套，而且部分产品开始出口。代表企业包括联合汽车电子、安徽巨一、精进电动、英搏尔、华域电动、上海电驱动等。

3. 传统企业

拥有其他领域电机生产经验的传统企业，通常成立时间较长，在资金、技术等方面有深厚储备，擅长电机本体的批量化生产。近些年新能源汽车电机走俏，很多传统电机企业纷纷新增或着手强化相关产品布局，但2019年新能源汽车补贴大幅退坡，传导性风险应当引起足够重视。代表企业包括方正电机和江特电机。

随着新能源汽车市场的迅速发展，驱动电机发展潜力依旧巨大，势必吸引更多企业和资本的进入。近期的新车申报中，包括北京博格华纳、德国大陆汽车、采埃孚、法雷奥西门子、日本电产等国际品牌或其合资公司均出现在电机配套名单中。可以预见的是，未来，整车厂、第三方电机企业、新进入者、外国电机品牌等群雄逐鹿，新能源汽车电机市场格局或将重塑。

二 我国产品技术发展概况

（一）新能源汽车技术需求

与工业用驱动电机相比较，应用于新能源汽车的驱动电机及其控制系统具有以下特殊要求。

● 高密度、小型化、轻量化：采用强制水冷结构、高电磁负荷、高性能磁钢、高转速等技术，实现电机小型轻量化和高密度化。

● 高效率：采用稀土永磁和电磁设计优化，驱动电机的最高效率可达到97%，电机超过85%的高效率区达到85%以上。

● 低速大扭矩、高速恒功率宽调速：在车辆起步和行车时要求高转矩、高速运行时能够进行恒功率输出，电机调速范围为1∶3到1∶4以上。

● 可靠性、耐久性、适应性：车用电机在振动大、冲击大、灰尘多、温湿度变化大的环境下运行，要求电机系统具有耐冲击性和环境适应性。

● 低噪声、电磁兼容与低成本：电机成本的高低是决定电动汽车是否能够产业化的重要因素；电动汽车 NVH 和 EMC/EMI 技术是整车研发的重要衡量指标。

新能源汽车驱动用电机主要有交流异步电机和永磁同步电机两大类。交流感应电机又称交流异步电机，具有效率高（94%以上），比功率较大（接近 2.5 ~ 4.0kW/kg），运行可靠，调速范围宽，功率容量覆盖面广，产业化基础好，价格便宜等特点，被广泛应用于电动汽车，特别是客车领域。永磁电机具有高功率密度和高效率的特点（比功率超过 3.0 ~ 4.5kW/kg，峰值效率达 96%以上），成为纯电动乘用车市场的主要驱动电机，也是当前研究热点。对常见的几种电机进行比较分析如表1所示。

表1　各类驱动电机性能对比

对比指标	交流异步电机	无刷直流电机	永磁同步电机
起动性能	O	O	◎
额定运行点峰值效率	O	◎	◎

汽车工业蓝皮书

续表

对比指标		交流异步电机	无刷直流电机	永磁同步电机
恒功率速度范围	典型	2~3	1~2	3~4
	最优	4		>7.5
高效率运行区		O	O	◎
重量功率密度（kW/kg）		O	◎	◎
转矩波动	低速	O	O	◎
	高速	◎	O	O
电机可靠性		◎	O	O
NVH（振动噪声舒适性）		◎	O	O

注：性能从好到差的符号次序为◎、O、△。

（二）产品技术进展

1. 驱动电机

经过多年持续发展，我国自主开发的永磁同步电机、交流异步电机和开关磁阻电机已经实现了整车产业化配套，功率范围覆盖了250kW以下各类新能源汽车用电驱动系统动力需求。在关键技术指标方面，我国驱动电机的功率密度、效率等与国际水平基本相当。

在乘用车驱动电机领域，上海电驱动、上海大郡、精进电动、中车时代电动、安徽巨一自动化、华域电动等驱动电机企业推出了功率范围为30~150kW的系列化驱动电机产品，为多家整车企业的纯电动和插电式新能源汽车配套。上海电驱动通过产品规格化开发，推出了集成驱动电机、电机控制器和减速器一体化的电驱动总成产品，开发的95~145kW电驱动总成在国内多个乘用车企业的A级以上纯电动车型上获得应用；同时开发了33~55kW电驱动总成系列化产品，应用于A00、A0级纯电动汽车，并于2019年实现量产。上海大郡拥有全系列的驱动电机、电机控制器产品，用于匹配北汽、广汽等多款纯电动乘用车和插电式混合动力乘用车。精进电动推出了应用于新能源乘用车的驱动电机与高速减速器一体化总成样机，峰值功率达到160kW，最高转速达到16000rpm；同时开发了应用扁导线技术的高密度驱动电机，电机功率密度达到4kW/kg以上。华域汽车在驱动电机领域具有多年的研发和产业化经验，以扁导线定子技术为特色，建立了扁导线定子电机的生产线，为上汽多款新能源汽车匹配电机；同时通过与麦格纳合资，在驱动电机和高速减速器方面为德国大众MEB平台配套。中车时代电动借助于在高铁牵引系统领域的完整产业链优势，在IGBT芯片、模块、电机控制器、驱动电机、动力总成、整车集成应用等方面形成了完整的产业体系，并加大在乘用车领域的研发和制造投入，先后建立了多条乘用车电机、控制器的生产线，逐步扩大应用市场。安徽巨一自动化多年来为江淮汽车配套多个系列纯电动轿车驱动电机及控制器，借助在乘用车电机智能制造、三合一动力总成方面的优势，扩展在国内的市场份额。

在商用车驱动电机领域，我国推出了各类新能源商用车总成产品。上海电驱动推出了AMT同轴并联驱动电机、6～12m纯电动驱动电机以及双行星排动力总成电机，双行星排总成系统应用于10～12m新能源公交客车，实现60%以上的节油率；上海大郡推出适用于增程式、纯电动客车的直驱电机和双电机动力总成；精进电动推出的多种规格的驱动电机、电机控制器和多种机电耦合动力总成系统，在各类新能源城市客车领域获得了广泛应用；中车时代电动推出了适用于多种动力系统构型和车型的驱动电机系统，并实现了自主配套；汇川技术、蓝海华腾、吉泰科等推出的多合一控制器总成产品在新能源公交客车、纯电动物流车上获得了广泛的应用。另外，苏州绿控、南京越博等商用车动力总成集成商开始在驱动电机及控制器方面研发投入，推出了可应用于各类新能源公交客车和物流车等的系列化电驱动总成产品。

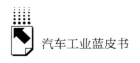

（a）上海电驱动乘用车驱动电机及控制器产品

（b）精进电动电机及控制器

（c）增程式电动轿车用增程器总成、驱动电机及集成控制器

图1 典型新能源乘用车驱动电机及控制器产品

高速、高密度、低振动噪声、低成本是新能源驱动电机的重点发展方向，扁导线绕组成为提升转矩和功率密度以及效率的主要手段，是面向2020年量产电机的工艺路线重点方向之一。近年来，我国驱动电机在功率密度、系统集成度、电机最高效率和转速、绕组制造工艺、冷却散热技术等方面持续进步，与国外先进水平并驾齐驱。同时，我国驱动电机研究开始延伸至振动噪声和铁磁材料层面，以进一步提升驱动电机的设计精度、工艺制造水平以及产品质量。

在高密度驱动电机方面，我国主要电机研制企业如上海电驱动、精进电动、中车时代电动、苏州汇川、安徽巨一自动化、比亚迪、华域电动等纷纷开发出功率密度为3.8~4.6kW/kg的样机和产品，最高转速为13000~16000pm，并实现了电驱动一体化集成，电机冷却方式涵盖水冷和油冷多种类型，技术指标达到国际先进水平，如表2所示。

（a）上海电驱动商用车插电式混合动力总成系统

（b）上海大郡商用车驱动电机系统总成

（c）精进电动商用车电机系统总成

图2　典型新能源商用车驱动电机及控制器总成

表2　我国典型驱动电机与国外同类产品对比

对比项目	国内电机1	国内电机2	国内电机3	国外电机1	国外电机2
图片					
峰值功率（kW）	125	130	130	130	125
最高转速（rpm）	13200	13200	12000	8810	12800
峰值转矩（Nm）	300	315	315	360	250
峰值效率（%）	97%	97%	97%	97%	97%
功率密度（kW/kg）	4.30	4.56	4.20	4.60	3.80
冷却方式	水冷	油冷	水冷	水冷	水冷

　　在驱动电机精确设计方面，上海大学提出了基于电磁材料多域服役特性的车用电机多域多层面正向设计方法，综合电磁、机、热、流体、声多域仿真与验证，解决电磁材料宽温变和应变等服役特性的非

线性问题。上海大学联合国内硅钢企业系统性开展了铁芯应力－磁特性研究，挖掘出硅钢材料加工、装配与运行过程中的温度和应力导致材料本身性能改变的规律（见图3a）。中国科学院电工所应用非晶合金和硅钢片混合材料、分瓣式定子结构和黏接工艺，研制出非晶电机样机，样机最高效率达到96.2%，连续功率密度达1.2kW/kg（见图3b）。

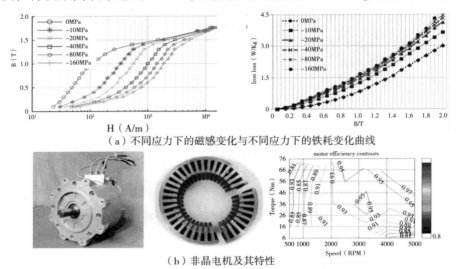

（a）不同应力下的磁感变化与不同应力下的铁耗变化曲线

（b）非晶电机及其特性

图3　新材料特性及新材料电机技术

在电机扁导线绕组技术方面，华域汽车、精进电动、上海电驱动等在国内较早地开展了扁导线绕组工艺探索和实践，典型产品如图4所示。华域汽车为上汽EDU二代电驱动总成和纯电动汽车平台配套扁导线驱动电机，与麦格纳成立合资公司为大众MEB平台配套扁导线感应电机。精进电动依托国家重点研发计划专项开发了高速乘用车扁导线电机样机。上海电驱动将扁导线技术应用于48VBSG电机总成，为上汽通用混合动力汽车配套。另外，我国商用车电机，如精进电动开发的转矩密度达到20.3Nm/kg的商用车直驱电机，北京佩特来应用扁导线技术的3500Nm外转子直驱电机，如图5所示，天津松正、菲仕电机开发的商用车扁导线直驱电机等的技术指标总体达到国际先进水平。

图4 乘用车扁导线技术及典型定子结构

图5 商用车高密度电机和扁导线电机

2. 电机控制器技术进展

电力电子模块集成技术是将新能源汽车电机控制器中的功率器件、驱动电路、控制电路和保护电路封装到一个集成模块内部，成为一个功能相对完整的、通用性的部件。持续提供电力电子集成系统的功率密度是车用电机控制器的重要技术产业方向：通过将电机控制器的集成设计方法融入零部件研发过程，提升芯片器件功率密度；通过系统优化设计和控制技术实现总成的功率密度提升。

在电机控制器本体技术方面，我国持续进行集成化设计与多种控制器的功能集成，来提升电机控制器集成度和功率密度水平。电力电子集成优化设计技术的采用，如汽车级功率模块、超薄膜电容器与复合母排、高效散热器以及功率部件连接件的优化设计，进一步提升了电机控制器本体功率密度（从8kW/L提升至12~16kW/L）。上海电驱动、汇川技术、中车时代电动等推出了基于汽车级模块的电机控制器产品，典型产品如图6所示。多个电力电子控制器的功能集成，典型产品如汇川商用车五合一集成控制器（见图7a）和北汽新能源多合一集成控制器（见图7b），降低了集成控制器的体积和重量，已广泛应用于纯电动与插电式商用车、乘用车等领域。另外，电机控制器和快速充电机分时复用功能的集成，典型产品如比亚迪充电逆变器一体化总成（见图7c），有效地减少了电力电子功率模块的数量，提升了整机的集成度。

（a）上海电驱动控制器　　（b）汇川控制器　　（c）中车电机控制器

图6　高集成度电机控制器

（a）商用车五合一控制器　　　　　（b）乘用车多合一控制器

 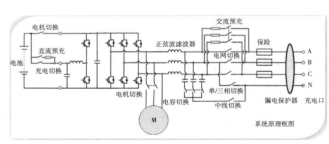

（c）比亚迪双向逆变器原理及其产品

图7　新能源汽车多合一集成控制器产品

在"十三五"科技部新能源汽车重大专项实施推动下，我国高密度电机控制器技术迅速发展，其中IGBT芯片双面焊接与模块双面冷却技术、电力电子集成技术是不断提升电机控制器集成度、功率密度和效率的主要发展方向。上海电驱动联合上海道之，采用芯片双面焊接工艺和电力电子功率组件直焊互连工艺（见图 8a），研制出峰值功率 125kW、30s 功率密度 17.5kW/L、10s 峰值功率密度 23.1kW/L 的高密度电机控制器。中车时代电气采用双面焊接与双面冷却技术、自主驱动芯片和电力电子集成封装技术开发出 600A/750V 的双面散热模块及组件产品（见图 8b），基于双核 MCU（微处理器）芯片开发出功率密度 ≥20kW/L 的电机控制器。上海大郡联合上海道之采用双面焊接模块与双面水冷结构，通过功率组件的模块化组合，开发出输入功率 260kW、功率密度 23.5kW/L 的电机控制器（见图 8c），与国外同类双控制器产品的功率密度指标相当。总体上，近年来我国车用电力电子控制器迅速发展，自主 IGBT 芯片、双面冷却 IGBT 模块封装、高功率密度电机控制器样机技术水平已接近国外同类产品。典型高密度电机控制器样机与国外先进水平对比如表 3 所示。

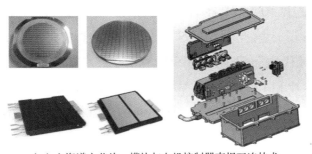

（a）上海道之芯片、模块与电机控制器直焊互连技术

（b）中车芯片、模块及功率组件

（c）大郡双面焊接模块及功率组件

图 8　国内典型高密度电机控制器封装与集成技术

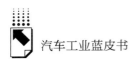

表3 国内典型电机控制器与国外对比

对比项目	国内控制器1	国内控制器2	国外控制器1	国外控制器2
图片				
功率比体积(kW/L)	23.1	21.7	25.0	25.0
功率比重量(kW/kg)	21.0	19.0	23.2	22.8
功率器件	IGBT	IGBT	IGBT	IGBT
直流电压	300～480V	300～480V	200～600V	300～450V
器件电流(A)	450Arms	450Arms	350Arms	400Arms
器件封装	定制	定制	定制	定制

我国碳化硅器件、高温封装与焊接、全碳化硅控制器的研发开始全面布局。中科院微电子所研制的1200V/100A SiC SBD（肖特基势垒二极管，见图9a）器件的正向电流密度为247A/cm^2（VF = 1.6V），与Cree第五代CPW5 - 1200 - Z050B的208A/cm^{2}相比更具优势；中车时代电气研制出了750V/150A、1200V/50A、1200V/200A SiC SBD芯片和1200V/30A平面栅SiC MOS芯片，并基于SiC SBD和Si IGBT自主芯片，开发了750V/600A、1200V/500A～800A SiC混合模块（见图9b）；中科院电工所采用P3/HP1封装型式、复合功能膜电容器和高密度控制板，在600Vdc供电条件下，适配峰值功率85kW驱动电机，功率密度达37kW/L（见图9c），开关频率达到20kHz以上，国内首次完成样机开发，达到国际先进水平。

国内外整车和零部件企业越来越注重电驱动系统的功能安全设计。2020年前后上市的整车和零部件产品需满足ISO26262功能安全标准，为此我国整车和零部件企业共同研发新一代32位汽车级双核微处理器芯片。基于英飞凌TC275芯片平台，汇川技术、北汽新能源首先通过了功能安全流程认证。上海电驱动基于飞思卡尔

（a）微电子SiC SBD芯片　　（b）中车SiC SBD芯片及SiC MOS模块

（c）电工所全SiC模块、集成膜电容器及全SiC控制器

图9　我国典型 SiC 芯片、模块及控制器

MPC5744、上海大郡/精进电动基于 TC275 已完成功能安全设计，并先后通过了功能安全 ISO26262 ASIL D 的流程认证。

3. 电驱动总成技术进展

将驱动电机、电机控制器、减速器集成为一体化电驱动总成，是进一步提升新能源汽车电驱动总成集成度的重要方向之一。采用一体化电驱动总成既可省去三相交流电缆和接插件，又可大幅度提升系统可靠性。同时，驱动电机与减速器集成的通用模块化产品，可进一步降低电驱动总成的体积和重量，并通过集成化和精细化的匹配来提升总成的 NVH 水平。

应用于乘用车的电驱动一体化总成已自主研发成功，并在国内多个新能源乘用车上完成了试验验证。上海电驱动、精进电动、中车时代、汇川技术、上海大郡、巨一自动化等均开发了集成电机、控制器和减速器的一体化总成（见图10），总成峰值功率为 95 ~ 150kW，总成输出转矩为 3200 ~ 3900Nm，总成输出转速为 1200 ~ 1500rpm。

在高速减速器方面，我国大于 12000rpm 的技术和产品正在快速追赶国外先进水平。重庆青山、株洲欧格瑞、上海汽车变速器等已开发出最高转速 12000rpm 的高速减速器（见图11a），并实现了与国内

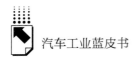

（a）电驱动三合一总成　　（b）精进三合一总成　　（c）巨一三合一总成

图 10　国内典型纯电驱动一体化总成

驱动电机、电机控制器的一体化集成。上海汽车变速器开发最高转速 16000rpm 的减速器（见图 11b），为博世进行配套。

（a）青山高速减速器　　　　　（b）上汽变速器高速减速器

图 11　国内典型高速减速器

在插电式乘用车机电耦合总成方面，比亚迪汽车、上汽捷能、科力远 CHS、精进电动等均推出了可应用于新能源乘用车和商用车的机电耦合动力总成产品（见图 12），并在国内新能源汽车唐、宋、荣威等车型实现了量产。

（a）比亚迪HDU　　　（b）上汽EDU总成　　　（c）科力远CHS总成

图 12　国内典型电驱动总成

4. 轮毂电驱动总成

近年来，以轮毂电动轮总成和轮边电驱动总成为代表的分布式驱动产品发展热度迅速增加。与集中驱动方式相比较，分布式驱动直接为车轮提供动力，其集成度好，能源利用率高，更加符合发展新能源汽车的初衷。但电机散热、更高的可靠性要求、如何更好地与整车性能匹配等是制约其发展的难题。

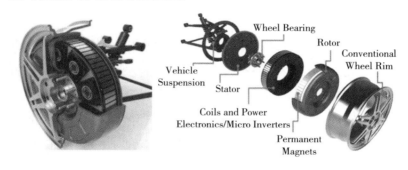

图13 轮毂电动轮总成机构与集成技术

近年来，与轮毂电机和电动轮相关的产业并购增多，国内多家企业通过合资合作推动了分布式驱动产业发展。浙江亚太机电与斯洛文尼亚 Elaphe Propulsion 公司、浙江万安科技与 Protean Electric 公司成立合资公司生产轮毂电机和电动轮总成，分别如图14a、14b 所示，期望通过轮毂电机与制动系统联合开发，为乘用车提供轮毂电动轮总成。湖北泰特机电全资收购荷兰 e - Traction 公司，并在天津投资制造基地，生产客车轮毂电机，电机输出转矩达到 6000Nm，峰值功率为 182kW，电机质量为 500kg，转矩密度达到 13.6Nm/kg（见图14c）。

我国部分高校、科研院所、车企加大了对轮毂电机和轮毂电机驱动电动车的研发投入。中国汽车工程研究院与上海电驱动合作，联合开发电动轮总成样机（见图15），相同功率和转矩指标

（a）亚太Elaphe电动轮

（b）Protean电动轮

（c）泰特商用车轮毂电机

图14　国外典型轮毂电机

的电机重量和尺寸均减轻30%以上。上海电驱动研制的第二代大功率高转矩轮毂电机采用拼快式定子铁心、超短端部绕线和双面水冷结构技术，转矩密度达到20.6Nm/kg，功率密度达到2.1kW/kg，样机应用于奇瑞、上汽纯电动汽车，并实现了良好的动力性能。在商用车领域，深圳比亚迪、宇通客车、安凯客车先后研发并产业化轮边和轮毂电机驱动，在新能源客车应用方面取得了良好的效果。

图15　上海电驱动拼块定子与两代高转矩轮毂电机

（三）核心零部件技术发展

2011年，我国成立了"电动汽车电驱动系统全产业链技术创新战略联盟"，联盟以电动汽车电机及其控制系统产业链发展为重点，联合国内优势资源，在电驱动系统高性能硅钢、磁钢、IGBT器件、膜电容器、高速轴承、旋转变压器、接插件等关键材料和关键器件方面推出了一系列国产化产品，并成功实现了国产化替代。

1. 汽车级功率模块开发

按照汽车应用工况对功率模块需求，从降低模块热阻方面着手来降低芯片结温，提出了采用直接冷却技术进行功率模块的散热结构设计的方法，即模块铜基板与散热鳍片一体成形，冷却液直接与 IGBT 模块铜基板的底面接触。采用国产化功率模块封装工艺技术，实现了 Pin – fin 结构封装工艺，研制出 650V/400A Hybrid Pack 1 和 650V/800A Hybrid Pack 2 封装的 IGBT 功率模块，如图 16 所示。该模块已成功搭载于插电式混合动力客车、纯电动轿车等，模块综合性能与国外产品相当，且价格具有明显的比较优势。

图 16　功率模块 Pin – fin IGBT 模块

与电解电容器相比较，采用超薄金属化薄膜蒸镀和安全膜技术的聚丙烯薄膜电容器具有良好的温度特性、可承受反向电压、脉冲电压能力强、安全性高、耐纹波电流能力强、低 ESR/ESL 以及使用寿命长等特点。课题采用超薄金属化薄膜蒸镀（4μm）技术、安全膜技术以及波浪切边等专用技术，实现了薄膜介质的耐压水平达到 350V/μm，使膜电容器具有自愈功能，防止短路失效或者爆炸；同时抗大电流冲击和温度冲击的能力大大加强，额定温度达到 105℃。

联盟研制膜电容器及其特性如图 17 所示，膜电容器产品在国内外市场形成规模，占我国新能源汽车市场 60% 以上。

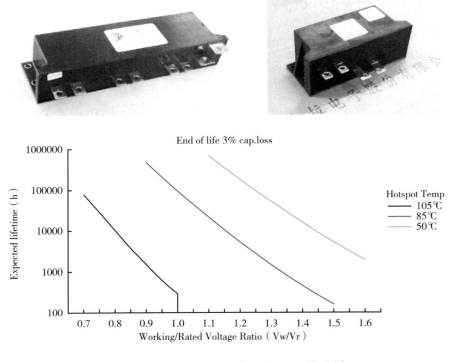

图 17　车用膜电容器典型产品及其特性

2. 车用电工钢开发

联盟通过试验室研究制定出合适的化学成分和热轧、退火涂层工艺，在宝钢二炼钢、三热轧、五冷轧的 APL 机组、RCM 机组和 4# SACL 机组成功地试制 B30AHV1500 和 B27AHV1500 两个规格的车用电机系统用高性能导磁材料开发的无取向硅钢新产品（见图 18），产品技术指标如表 4 所示。该电工钢产品在我国多个新能源汽车和通用、福特、本田、日产等品牌汽车上实现应用，成本与国外同类产品相比较具有明显优势。

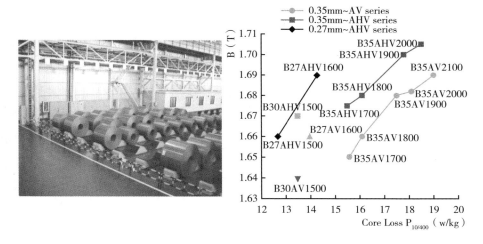

图 18 车用电工钢特性及其应用

表 4 车用无取向硅钢技术指标及达成指标

牌号		厚度 （mm）	密度 （kg/dm³）	铁损 P10/400 （w/kg）	铁损 P15/50 （w/kg）	磁感 B50 （T）	屈服强度 （MPa）
B30AHV 1500	标准	0.30	7.65	≤15	≤2.30	≥1.65	≥370
	实测			13.50	2.0	1.67	405
B27AHV 1500	标准	0.27	7.65	≤15	≤2.30	≥1.65	≥370
	实测			12.60	1.97	1.66	405

3. 车用永磁磁钢

我国在新能源汽车驱动电机永磁磁钢方面重点是磁钢铸片和制粉等共性关键技术，如采用双合金工艺的高性能 38UH 车用磁钢。车用磁钢永磁合金包含轻稀土和重稀土元素、细化晶粒和抗腐蚀性元素等，这些元素的化学特性和熔点、沸点、饱和蒸汽压等参数差别较大。根据不同的成分配比，采用多种温控系统控制浇铸温度，监控浇铸各阶段的温度，保证速凝工艺的一致性和稳定性，获得了微观结构具有单织构特征的速凝带，如图 19 所示。

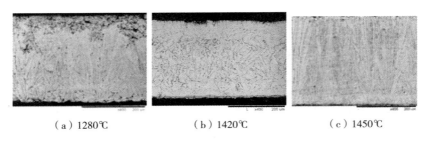

（a）1280℃   （b）1420℃   （c）1450℃

图 19　不同浇铸温度下的铸片截面形貌

同时，车用磁钢要求温度系数低，关键在于在不增加稀贵元素如重稀土、金属钴的情况下，获得低温度系数。采用二级氢破和多级分选技术，优化磁粉粒度分布；采用多相合金工艺使镝进入晶界相，通过热处理扩散进入主相外延层，取代钕的晶位，增强硬磁性，抑制反磁化畴形核；通过低温烧结，制得细晶粒且分布均匀的磁体，实现了对磁体微观组织结构的控制，降低磁体的不可逆损失，改善退磁曲线的方形度。

4. 车用旋转变压器

磁阻式旋转变压器具有精度高、线形度好、抗干扰特性好、环境适应性强等特点，非常适合于车辆运用工况，是车用电机位置传感器主流。课题采用多领域的仿真技术对旋变产品进行可靠性分析及性能优化设计；利用电磁原理，基于现有旋变结构，采用 CAE 仿真技术，分析旋变恒定分量产生缘由，解决旋变精度的分析计算问题；提出创新工艺，改进绕组参数，控制误差范围，提升产品一致性，同时降低产品成本，扩大适用范围；采用新型铁芯材料——自黏性低损耗硅钢片，提高了产品性能，简化了生产工序。

典型车用磁阻式旋转变压器产品如图 20 所示，形成了车用旋转变压器产品 200 余种，其产品性能完全替代国外产品。通过引进自动绕线设备进行旋变定子生产，采用端部塑封技术提高定子防护等级，采用扣片技术进行旋变转子生产，并具有年产 30 万套旋变的能力。

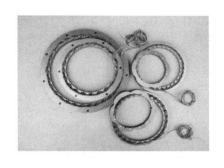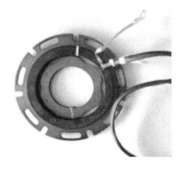

图20　车用磁阻式旋转变压器产品

5. 车用接插件

车用接插件采用高可靠连接器锁紧结构，实现产品的二次防护性锁紧，满足车载环境下振动、冲击要求，具有很高的可靠性；采用高可靠结构接触件，满足高可靠连续载流及短时过载电流冲击等要求，可实现防触电、防误操作、阻燃、使用便利等效果，比较适合在较小空间进行操作的头、座连接，便于整车布线。典型电连接器产品如图21所示，与北汽、江淮、奇瑞、上汽、长安、广汽等开展了广泛合作及配套，产品性能与国外同类产品相当。

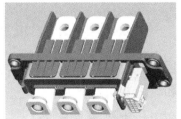

（a）车用电机连接器　　　　　（b）三合一总成连接器

图21　典型车用电连接器产品

6. 车用DCDC变换器

在DCDC变换器方面，采用同步整流与磁集成技术，使产品效率

提升至最高效率点 96% 以上，并提升了 DCDC 变换器的功率密度。其中，深圳欣锐科技的第 5 代 DCDC 变换器新产品技术指标达到国际先进水平，并逐步形成规格化、系列化的车用 DCDC 变换器，如图22 所示。

图 22　车用 DCDC 变换器产品

开发出系列化、规格化、风冷和水冷多种冷却形式、适用于新能源乘用车 14V 输出产品和新能源商用车 27V 输出产品的 DCDC 变换器，产品为国内大多数乘用车和商用车进行配套。

三　国外产品技术发展概况

（一）驱动电机技术进展

近年来，新能源汽车驱动电机本体技术发展主要集中在电机本体技术和机电集成技术两方面。

在电机本体技术方面，进一步提高驱动电机功率密度的技术途径包括如下几个。绕组高密度化：采用高密度绕组或者 Hairpin 绕组结构来降低绕组发热，提高绕组材料的利用率。热设计与热管理多样化：采用高密度绕组端部冷却技术、油冷技术、油冷和水冷复合冷却技术，提升驱动电机的换热效率。电机高速化：在电驱动总成输出转矩和功率不变约束下，提高驱动电机和减速器最高转速可降低驱动电机转矩需求，从而降低电机体积和重量，提高功率密度水平。沃尔沃与克莱斯勒电机最高转速需求达到14000rpm，大众汽车推出的模块化电驱动平台（MEB平台）电机最高达到16000rpm（见图23a）。通用第四代Volt电机采用Hairpin绕组结构（见图23b），电装为丰田开发了扁导线电机用于动力总成系统（见图23c），采用Hairpin绕组的高速驱动电机，功率密度为3.8~4.5kW/L甚至以上。

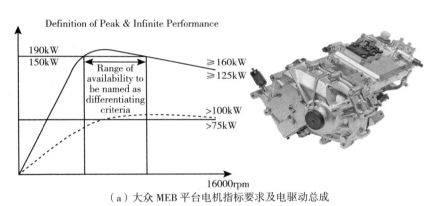

（a）大众MEB平台电机指标要求及电驱动总成

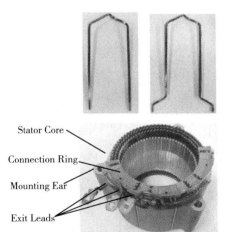

Figure 8.Gen2 BEV Chevrolet Bolt Stator Geometry.

（b）第四代Volt电机

（c）电装为丰田开发的扁导线电机

图23　典型高速高密度电机及扁导线技术

在驱动电机铁磁材料方面，丰田、通用汽车等企业着力研究混合磁体（含铁氧体等）部分替代钕铁硼材料的可能性，并开展样机验证。低含量重稀土永磁材料已在本田雅阁等新能源汽车上实现批量应用。

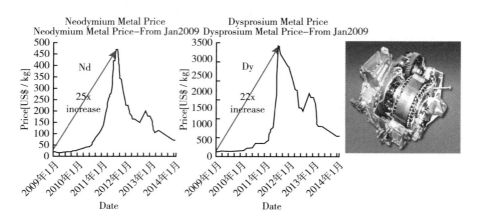

图24　丰田混合磁体电机

（二）电机控制器技术发展

电力电子集成技术，可有效减小电机控制器系统的重量和体积。提高功率密度，降低制造成本，是电机控制器的重要技术研究方向。电力电子集成技术主要分为3个不同的层次和形式——单片集成、混合集成和系统集成，国外车用电机控制器如丰田Pruis、通用Volt、大陆等大都采用混合集成方案，模块封装与互连、高效散热是电力电子混合集成的核心。

IGBT芯片双面焊接和系统级封装是当前国外电机控制器主流封装形式，如电装、博世、大陆等公司的集成电机控制器功率密度已达到16~25kW/L。在高效散热方面，丰田第四代Pruis、电装根据模块的冷却形式采用双面冷却结构（见图25），大陆、博世则采用单面冷却结构。丰田采用了集成 Boost 电路与双 DC/AC 结构，通过升高直流电压提升 DC/AC 部分的输出功率与效率。电力电子封装技术打破了模块封装与控制器集成装配之间界限，采用 IGBT 定制封装模块有效地提升了电机驱动控制器集成度与功率密度水平。

（a）双面焊接单面冷却 （b）双面焊接双面冷却　（c）双面焊接模块组件

图 25　IGBT 模块封装及冷却形式

近年来，日本、美国和欧洲的电驱动控制器一直处于领先地位，功率密度已达到 17 ~ 25kW/L，如图 26 所示。丰田不断提升产品的集成度与功率，将集成控制器产品功率密度从 2007 年的 11.7kW/L 提升至 2018 年的 25kW/L。通用、博世、大陆等也推出了集成 DC/DC 变换器的电力电子集成控制器产品，功率密度均达到 15 ~ 23kW/L。其中，博世产品主要应用于大众途锐电动汽车；大陆产品应用于奥迪 Q5 电动汽车。

在双电机插电式混动和高功率乘用车应用领域，为持续提升车辆电能转化效率和缩短快充时间，动力电池直流电压从 250 ~ 450V 提升至 500 ~ 700V。在新型电机控制器拓扑方面，美国橡树岭国家试验室基于双三相半桥拓扑，采用载波移相脉宽调制算法将电容器纹波电流有效值降低 55% ~ 70%，将进入电池的纹波电流分量降低 70% ~ 90%，将进入电机的纹波电流分量降低 60% ~ 80%，有效地改善了电容发热，抑制了电机纹波电流损耗。

在碳化硅控制器开发方面，充分利用碳化硅器件高温、高效和高频特性是实现电机控制器功率密度和效率进一步提升的关键要素。

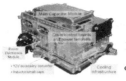

（a）电装应用于丰田汽车的2007~2016年PCU

（b）通用电力电子总成　　　　　　　（c）大陆一代和二代电力电子总成

（d）博世第一代和第二代电机控制器

图 26　国外典型封装式功率模块和高密度电机控制器

2015 年罗姆公司率先开发了采用沟槽栅 SiC MOS（碳化硅金属氧化物半导体场效应晶体管），开关损耗较平面栅 SiC MOS 降低 42%；2016 年英飞凌推出了 1200V/100A SiC MOS 的导通电阻降至 11mΩ；2017 年 Wolfspeed 推出了 900V/150A（10mΩ）SiC MOS 芯片，面向电动汽车开始应用。在碳化硅模块封装和全碳化硅控制器方面，双面焊接平面封装结构和高温封装材料应用使模块热阻大幅度降低，600V/100A SiC MOS 模块结温可达 225℃；日本丰田、日立、电产推出全 SiC PCU（碳化硅功率控制单元，见图 27a），其中日本丰田带载 SiC PCU 的样车在工况下较带载 IGBT PCU 损耗降低 30%，如图 27b 所示。2017 年美国国家能源部投资 2000 万美元资助 21 个宽禁带半导体项目；法国 Yole 公司也预测，2018 年后碳化硅器件将开始应用

（a）日立及电产全 SiC 控制器

（b）丰田公司全 SiC PCU 及其试验样车

图 27　国外全 SiC 电机控制器

于电动汽车大功率电机驱动和大功率充电领域。

特斯拉（Tesla）是全球第一家在产品车型中集成全 SiC 功率模块（如图 28 所示）的车企。全 SiC 逆变器由 24 个 SiC 功率模块组成，安装在针翅式散热器上，并利用激光焊接工艺将 SiC MOSFET 与铜母线相连，大大提升了连接的可靠性。

图 28　特斯拉 SiC 功率模块及激光焊接模块

（三）电驱动总成技术发展

国际电驱动系统集成商推出了一系列应用于乘用车和商用车的驱

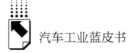

动总成系统。以大陆、麦格纳、吉凯恩、西门子等为代表的电驱动系统集成商，推出了电力电子与驱动电机及减速器总成。博格华纳、吉凯恩、欧瑞康、格特拉克等国外变速器企业推出了高速电驱动总成（见图29a），最高转速达到14000rpm以上。以博世、吉凯恩为代表的企业提出了应用于乘用车的电驱动桥产品（见图29b），输出转矩覆盖3000~6000Nm。在电驱动底盘平台方面，大众MEB平台具有较高的集成度（见图29c），输出功率为160~180kW，峰值转速达到16000rpm以上。采尔福推出了应用于商用车的电驱动桥，如图29d所示。

（a）麦格纳、吉凯恩电驱动总成

（b）博世、吉凯恩电驱动桥总成

（c）大众电驱动总成及MEB纯电动平台

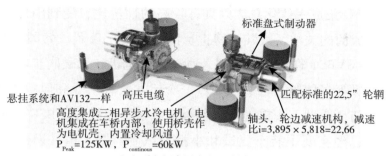

标准盘式制动器

悬挂系统和AV132一样　高压电缆　匹配标准的22,5″轮辋

高度集成三相异步水冷电机（电机集成在车桥内部，使用桥壳作为电机壳，内置冷却风道）
$P_{Peak}=125KW$，$P_{continous}=60kW$

轴头，轮边减速机构，减速比i=3,895×5,818=22,66

（d）采尔福商用车电驱动桥

图29　国外典型电驱动总成及电驱动底盘

在轮毂电动轮总成方面，国外报告了 Fraunhofer、Protean、Elpha、ENSTROL 等的多种电动轮集成方式，均采用水冷结构，部分样机集成了电力电子控制器模块，具有高转矩密度和集成度，部分产品技术参数如表5所示。

表5　国外典型轮毂电机总成技术参数

对比样机	Fraunhofer 轮毂电机	Protean 轮毂电机	Elpha 轮毂电机	ENSTROL ERMAX 电机
典型轮毂电动轮总成				
电机重量（kg）	42	36	25.2	12.3
峰值转矩（Nm）	700	1250	700	240
峰值功率（kW）	72	75	60	80
转矩密度（Nm/kg）	16.7	34.7	27.8	19.5
功率密度（kW/kg）	1.71	2.08	2.38	6.50
直流电压（V）	≥400	≥400	300	450
冷却方式	水冷	水冷	水冷	水冷
结构形式	集成IPU	集成IPU	集成制动系统	高速5000rpm

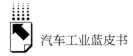

48VBSG 集成一体化总成因具有较高的性价比，受到国外多个动力总成集成商的关注，大陆、博世、法雷奥、马瑞利、韩国 LG 等已经推出了 48VBSG 样机，包括混合励磁爪极电机、永磁同步电机和交流异步电机等多种形式（见图 30），冷却方式有水冷和风冷两大类。同时，大陆、博世、法雷奥均具有 48V 系统集成能力（BSG + 电池 + DCDC），已经实现了装车测试和小批量试制，据报道，燃油效率提升最高可达 12% ~ 15%。

图 30　国外典型 48VBSG 电机一体化总成

四　问题和建议

（一）积极推动各种模式合资合作

2019 年即将实施的双积分政策和 2020 年油耗法规限值政策促使我国本土整车企业和合资企业均加快了在新能源汽车产业的布局，驱动电机作为新能源汽车核心关键零部件，我国驱动电机企业将获得更多的发展契机。同时，整车企业将持续加大在新能源汽车驱动电机方面的投入，通过提升自主设计和制造能力或者采用合资合作方式来实现对驱动电机产品的掌控；随着国家放开对合资企业股比限制，更多的国外整车企业、动力总成或驱动电机企业将通过合资合作方式进入中国，我国新能源汽车市场多样化将更加明显，产业和资源的竞争会继续加剧。

建议重点做好补贴退坡策略及政策的延续性，一方面，注重补贴资金的延续和递减的合理性，并注重不同地区的特征和发展差异。同时制定有效的中长期保障措施，降低企业压力，减少市场冲击和波动。另一方面，国家补贴政策由整车向核心零部件转移，核心零部件产业更需要培育和扶持，以更好地保证整个产业链的协同发展。

（二）持续降成本依然是企业面临的主要挑战

国家补贴政策持续退坡，钢材、铜材、稀土等原材料价格出现了较大的波动，这些综合因素使我国主要驱动电机企业的利润均呈现了大幅度降低。如何持续降低产品成本依然是我国驱动电机企业需要解决的主要问题。影响驱动电机及其控制系统成本的因素主要有以下几个方面。

①原材料价格：电机及控制器的材料价格占电机系统总价格的70%以上，其中有以硅钢片、磁钢、IGBT、电容器等占据超过50%的成本比例，因此加快推进原材料和部件的国产化是降低产品价格的主要方式。

②生产成本：通过增加自动化生产设备的投入，提高产量，降低产品批量价格，成本降价空间可以达到8%～10%。

③提高产品质量和一致性，降低售后服务与维修费用，成本降低可以达到5%～7%。

对于电驱动研发与生产企业，提出三个方面的建议。一是通过持续技术攻关与工艺突破，提升原材料利用率和产品技术水平，降低电机及控制器材料成本。二是加快我国自主材料和器件应用验证，特别

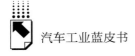

是在功率半导体领域，营造一个鼓励国产 IGBT 器件制造商自主开发汽车用产品的环境，呼吁我国整车企业给多内功率器件更多装车验证和示范应用机会，设立机制鼓励整车厂指导并为国产 IGBT 的应用创造条件。同时，通过加快验证和技术迭代，增强我国电驱动系统的抗风险和自主创新能力。三是通过产品的平台化和通用化，提升单个产品的产能，降低制造和管理成本。针对细分市场和产品，持续增加研发和制造投资，开发有竞争优势、高性价比产品。

B.6
毫米波雷达子行业发展报告

摘　要： 随着 ADAS 和无人驾驶的快速推进，毫米波雷达已经
成为汽车环境感知的标配传感器。本文围绕毫米波雷
达行业的市场、技术现状及发展趋势进行梳理和深度
剖析，详细阐述了国内外市场、企业发展动态、市场
应用情况以及新技术、新产品等发展情况，总结了未
来毫米波雷达的发展趋势。针对我国毫米波雷达产业
发展现状，总结了我国与外国的主要差异所在，并对
如何促进国内毫米波雷达研发和产业化进程提出相关
对策建议。

关键词： 毫米波雷达　市场格局　典型产品

一　行业发展概况

　　毫米波雷达，是工作在毫米波波段探测的雷达。毫米波雷达由于
其波长短（1~10mm）、频带宽（30~300GHz）、分辨率高、稳定性
好等特点成为一种可全天候工作的重要车载传感器，是当前汽车高级
驾驶辅助系统（ADAS）的主力传感器，是实现自动驾驶的关键零部
件。2005~2013 年，欧盟将 24GHz、79GHz 作为车载毫米波雷达的
频谱，而美国使用 24GHz、77GHz 频带，日本选用了 60~61GHz 的
频段，后逐渐转入了 79GHz 毫米波雷达。各大国的车载雷达频段主

要集中在 23 ~ 24GHz、60 ~ 61GHz 和 76 ~ 77GHz（79GHz）3 个频段，而世界各国对毫米波车载雷达频段使用的混乱情况使得汽车行业车载雷达的发展受到了限制。2015 年各国讨论决定将 77.5 ~ 78.0GHz 频段划分给无线电定位业务，以支持短距离高分辨率车载雷达的发展，至此，车载雷达才正式获得全球统一频率划分。

在政策方面，近年来，美国、日本、欧洲等发达国家和地区将自动驾驶确定为未来交通发展的重要方向，在技术研发、道路测试、政策法规等方面提供大力支持，中国也同样高度重视。2018 年 10 月，美国发布《准备迎接未来的交通：自动驾驶汽车 3.0》，表明美国交通部将努力消除阻碍自动驾驶汽车发展的政策法规，支持将自动驾驶车辆纳入整个运输系统；日本将自动驾驶作为重要的发展战略，《2017 官民 ITS 构想及线路图》明确了自动驾驶技术的推进时间表；欧盟委员会也对外发布了自动驾驶时间表，力争 2030 年步入完全自动驾驶社会，在《通往自动化出行之路：欧盟未来出行战略》中强调要使欧洲在网联和自动驾驶领域处于世界领先地位；我国 2015 年发布的《中国制造 2025》将智能网联汽车列入未来十年国家智能制造发展的重点领域，2017 年发布的《节能与新能源汽车产业总体技术路线图——智能网联汽车技术路线图》提出对面向高度自动驾驶的环境感知控制系统研制及产业化应用，并提出自动驾驶四步走计划。

在市场方面，全球毫米波雷达市场几乎由国外厂商所把持，主要集中在比较知名的 Tier 1 手中，目前全球前四大毫米波雷达供应商被称为"ABCD"，即 Autoliv（奥托立夫）、Bosch（博世）、Continental（大陆）和 Delphi（德尔福）。这几家年出货量总和达到千万级别，且价格相对合理。在国内，由于消费结构升级，中产阶级需求增加，ADAS 车型销量增长迅猛，带动了国内毫米波雷达前后装市场需求的爆发式增长。据相关机构测算，预计到 2025 年，我国毫米波雷达市场规模将突破 310 亿元。近几年，国内涌现出不少的创业型毫米波雷达企业，虽然规模较小，但具有国际领先技术和研发水平，已形成数个国内顶尖的核心团队，对于中国毫米波雷达产业的发展起到关键促进性作用。

在技术方面，毫米波雷达的关键技术依然被传统汽车零部件公司［博世（Bosch）、大陆集团（Continental）、天合汽车（TRW）、法雷奥（Valeo）、海拉（Hella）、德尔福（Delphi）等］等巨头垄断，特别是77GHz雷达技术只有Bosch、Continental、Delphi等少数几家公司掌握，并且频率60GHz以上的毫米波技术对中国实行技术封锁。近年来，经过国内研发团队的不懈努力，国内一些企业已在毫米波雷达芯片和解决方案上形成24GHz、60GHz、77GHz和94GHz全系列技术积累与产品布局。随着毫米波雷达分辨率、检测范围、抗干扰性能市场需求的不断提高，对毫米波和毫米波雷达产品从24GHz向77GHz/79GHz升级已成为市场趋势。

随着近年来高级驾驶辅助系统的快速发展以及各国汽车安全标准的不断提高，毫米波雷达作为汽车感知端最核心的传感器之一，以其独特的优势（全天候工作、成本较低等）已成为汽车电子厂商公认的主流选择，未来发展潜力巨大。

二　市场发展现状

（一）市场规模

无人驾驶市场处于快速发展阶段，全球已有多家企业宣布在2020年前后推出无人驾驶汽车。根据中商产业研究院预测，到2021年，预计全球无人驾驶汽车市场规模将超过70亿美元；到2035年，预计全球无人驾驶汽车销量将达2100万辆。ADAS到自动驾驶的演进，促进了毫米波雷达的需求。就单车装载量看，目前，L2阶段配置基本是1个

长距 +4 个短距，到 2022 年左右，L3 阶段车型将增加到 2 个长距 +6 个短距，到 2040 年左右，L5 级的车型也将是这个配置。

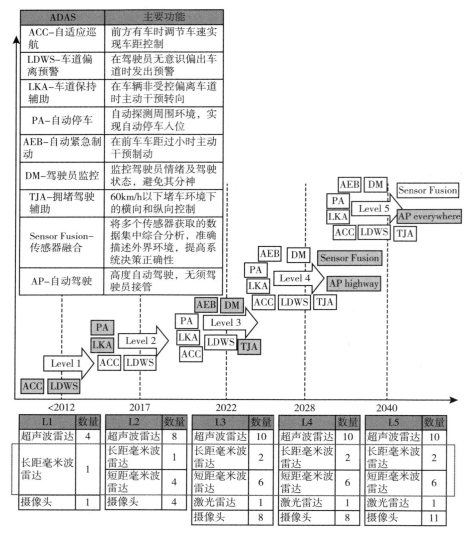

ADAS	主要功能
ACC-自适应巡航	前方有车时调节车速实现车距控制
LDWS-车道偏离预警	在驾驶员无意识偏出车道时发出预警
LKA-车道保持辅助	在车辆非受控偏离车道时主动干预转向
PA-自动停车	自动探测周围环境，实现自动停车入位
AEB-自动紧急制动	在前车车距过小时主动干预制动
DM-驾驶员监控	监控驾驶员情绪及驾驶状态，避免其分神
TJA-拥堵驾驶辅助	60km/h以下堵车环境下的横向和纵向控制
Sensor Fusion-传感器融合	将多个传感器获取的数据集中综合分析，准确描述外界环境，提高系统决策正确性
AP-自动驾驶	高度自动驾驶，无须驾驶员接管

L1	数量	L2	数量	L3	数量	L4	数量	L5	数量
超声波雷达	4	超声波雷达	8	超声波雷达	10	超声波雷达	10	超声波雷达	10
长距毫米波雷达	1	长距毫米波雷达	1	长距毫米波雷达	2	长距毫米波雷达	2	长距毫米波雷达	2
		短距毫米波雷达	4	短距毫米波雷达	6	短距毫米波雷达	6	短距毫米波雷达	6
				激光雷达	1	激光雷达	1	激光雷达	1
摄像头	1	摄像头	4	摄像头	8	摄像头	8	摄像头	11

图1 汽车自动驾驶演进对毫米波雷达需求趋势

虽然 L5 级甚或 L4 级的自动安全驾驶距离大规模落地还有相当一段时间，但毫米波雷达的市场规模却在以惊人的速度增长。据智车行家研究预测，2019～2022年，毫米波雷达的市场规模复合年均增长率（CAGR）将达到35%，其中短中距毫米波雷达的CAGR达到48%，长距毫米波雷达的CAGR达到36%。到2022年，全球车用毫米波雷达市场规模总计约160亿美元，其中短中距毫米波雷达规模为84亿美元，长距毫米波雷达规模为75.6亿美元。

国内汽车消费结构升级，无人驾驶汽车市场需求扩大，将带动国内毫米波雷达前后装市场需求的爆发式增长。2017年，《节能与新能源汽车产业总体技术路线图——智能网联汽车技术路线图》提出对面向高度自动驾驶的环境感知控制系统研制及产业化应用，并提出自动驾驶四步走计划；2018年，国家发改委印发了《智能汽车创新发展战略》（征求意见稿），目标是到2020年智能汽车新车占比达到50%，中高级别智能汽车实现市场化应用，重点区域示范运行取得成效；2018年中国首次将前方碰撞警示（FCW）、AEB等主动安全系统列入C-NCAP，这些措施驱动了毫米波雷达的市场成长。据OFweek智能汽车行业分析师测算，到2025年，毫米波雷达的国内市场规模或将突破310亿元。

（二）市场应用

受ADAS市场加速渗透影响，全球车载雷达市场将进入大规模应用阶段。毫米波雷达市场快速发展主要受以下因素影响：①毫米波雷达价格低廉，接近摄像头，且现阶段激光雷达成本居高不下；②毫米波雷达技术较为成熟，随着ADAS的加速渗透，其装配率将大大提升；③摄像头＋毫米波雷达组合方案已经成为汽车厂商和Tile1的ADAS和自动驾驶主流选择；④距离V2X与5G技术应用还有一定时间，目前智能汽车重点在于提升车辆感知与识别能力。在ADAS中采用毫米波雷达系统的功能渗透率逐步提升，目前，盲点监测（BSD）渗透率最高，然后依次为自动紧急刹车（AEB）、前向碰撞（FCW）、自适应巡航（ACC）、行人监测（PSD）。

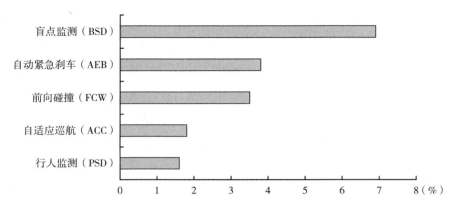

图2 采用毫米波雷达的ADAS功能渗透率

从美国市场看，根据NHTSA的调查，2017年约有19%的上市车辆装配有AEB系统。若以数量来看，前三名依次为丰田、通用和本田。若以比例来看，配AEB系统比率较高的前几名均为豪华品牌：在2017年出产的车子中，居首位的为电动车品牌特斯拉，约为99.8%，部分原装AEB，另外一部分则是出厂后由云端下载系统开启了AEB系统的功能；奔驰有高达96%的车子装有AEB，紧追在后的车厂和装配率依次为奥迪73%、沃尔沃68%、宝马58%。

表1 2017年各品牌配置AEB的比例

单位：%

名次	品牌	AEB配置率	名次	品牌	AEB配置率
1	特斯拉	99.80	9	本田	30
2	奔驰	96	10	玛莎拉蒂/阿尔法·罗密欧	30
3	奥迪	73	11	马自达	24
4	沃尔沃	68	12	通用	20
5	宝马	58	13	日产	14
6	丰田	56	14	现代	9
7	斯巴鲁	47	15	菲亚特克莱斯勒	6
8	大众	36			

在国内的新车型中，合资车企会更加倚重前向刹车的安全功能，相对来说，美系车和日系车走得比较靠前。其中奔驰、沃尔沃、领克这样的品牌已经全系标配了毫米波雷达。可喜的是，对毫米波雷达的配置已经下探到 B 级车的中配车型，最新一代的凯美瑞就是其中的案例。

表2　各品牌配置毫米波雷达车型情况

品牌		车型
德系	奔驰	标配
	宝马	高配
	大众	帕萨特高配
美系	别克	君威、昂科威中配以上
欧系	沃尔沃	标配
日系	丰田	8 代凯美瑞低配以上
	日产	天籁中配以上，奇骏高配
法系	标致雪铁龙	高配
国产	长安	CS75 等高配
	吉利	博瑞、博越等标配
	领克	标配

在国内的新车型中，据英飞凌统计，大部分合资车型和部分自主车型已经装配了 BSD（盲点监测）功能，如表3所示。

表3　装配 BSD 车型一览

品牌	车型
丰田	汉兰达、凯美瑞、RAV4、皇冠
本田	雅阁、奥德赛、思铂睿、凌派、CRV、艾力绅
日产	楼兰、逍客、轩逸、蓝鸟、天籁
别克	威朗、君威、君越、昂科威

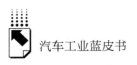

续表

品牌	车型
福特	福克斯、蒙迪欧、金牛座、翼虎、锐界、探险者、撼路者
马自达	CX-5、阿特兹
凯迪拉克	ATS、XTS、CT6、SRX
奔驰	C、E、S、GLC、GLE
奥迪	A4L、A6L、Q3、Q5
沃尔沃	S60L、S80L、V40、V60
雷克萨斯	RX、NX、ES
大众	迈腾、帕萨特、CC
雪佛兰	科鲁兹
克莱斯勒	自由光、切诺基
标致	308、508
雪铁龙	C4
长城	H6 coupe
吉利	博瑞、博悦

资料来源：英飞凌。

（三）竞争格局

长期以来，一级汽车零部件供应商在车载毫米波雷达领域积累较深，占据市场的主导优势。从竞争格局来看，全球毫米波雷达市场被博世（Bosch）、大陆（Continental）、天合汽车（TRW）、法雷奥（Valeo）、海拉（Hella）、德尔福（Delphi）、电装（Denso）、奥托立夫（Autoliv）、富士通天（FujitsuTen）等厂商垄断，77GHz毫米波雷达，只有博世、大陆、德尔福、电装、TRW、富士通天、Hitachi等公司掌握。

表4 毫米波雷达全球市场中的主要厂商情况

主要厂商	简介
博世（Bosch）	全球最大的汽车零部件厂商之一，车载毫米波雷达最早的研究者之一。主要提供长距雷达和中距雷达，毫米波雷达以77GHz为主
大陆（Continental）	全球最大的汽车零部件厂商之一，客户分布广，产品线齐全，毫米波雷达产品方面既有24GHz也有77GHz，是戴姆勒集团77GHz毫米波雷达的主要供应商，产品系列包括ARS300、ARS400、SRR200三种
海拉（Hella）	德国海拉集团是24GHz毫米波雷达传感器领域的重要力量，截至2016年第四季度，已经为13家OEM厂商生产超过80个系列1100万个24GHz毫米波雷达
奥托立夫（Autoliv）	以24GHz毫米波雷达产品为主，是戴姆勒集团24GHz毫米波雷达的主要供应商
德尔福（Delphi）	毫米波雷达以77GHz为主，采用较为传统的硬件方案，成本比较高，性能不俗
富士通天（FujitsuTen）和电装（Denso）	日本汽车零部件厂商，依托日系汽车厂商，主要占据日本市场，富士通天略占优势
天合汽车（TRW）	全球领先的汽车安全系统供应商，汽车安全系统的先驱和领导者，生产制动、转向、悬挂、乘员安全方面的高科技主、被动安全产品及系统并提供售后市场作业

在国内市场，毫米波雷达供应体系依旧被大供应商所占据。目前24GHz雷达市场主要由法雷奥、海拉和博世主导，合计出货量占总出货量的60%以上；77GHz雷达主要由大陆集团、博世和德尔福主导，合计出货量约占总出货量的80%。国内对车用毫米波雷达的研究还处于起步阶段，近几年有很多新型企业开始崛起，但新型企业的市场

表5　各大公司毫米波雷达企业配套关系

供应商	配套车企
BOSCH	吉利、蔚来汽车、长安汽车、东风汽车、本田、捷豹路虎、东风汽车
DELPHI	一汽大众、长安福特、一汽轿车、沃尔沃、东风本田
DENSO	马自达、铃木、丰田、斯巴鲁、本田、三菱、东风日产
Continental	吉利、宝马、北京奔驰、尼桑、戴姆勒、沃尔沃、丰田
ZF	通用、奇瑞、大众、沃尔沃、丰田、现代
FUJITSU TEN	一汽丰田、铃木、通用、三菱、本田、丰田、马自达
HELLA	马自达、通用、奥迪、大众、奔驰
Valeo 法雷奥	特斯拉、上海大众、一汽、大众、奔驰
Autoliv	戴姆勒、克莱斯勒、吉利、本田

渗透率极低。主要供应厂商有智波科技、沈阳承泰科技、北京行易道、隼眼科技、森思泰克、华域汽车、纳雷科技、深圳卓泰达、苏州安智、厦门意行半导体，以研究77GHz产品为主的厂商有北京行易道、沈阳承泰科技、隼眼科技等。相对而言，国内市场上24GHz毫米波雷达的产品体系较为成熟，供应链较稳定，77GHz毫米波雷达的开发受到一些限制。

国内毫米波雷达的企业，基本上可以分为两类：一类是原有汽车供应链企业新组建的产品部门，另一类则是创业团队。汽车供应链企业新组建的产品部门的典型代表企业有德赛西威、华域汽车、同致电子等，这些企业主要是在做安全、通信、控制、导航和影音娱乐系统等过程中成长起来的。创业团队的典型代表有：海归派——森思泰克、杭州智波，科研院所派——行易道、南京隼眼、苏州安智、苏州豪米波，实业转型派——深圳安智杰、深圳承泰、湖南纳雷。还有依莱达、木牛、雷博泰克、深圳卓颖。

汽车毫米波雷达未来发展是各大企业关注的热点，主要包括毫米波雷达的频段、工艺以及技术路径。在工艺选择上，24GHz雷达芯片几乎全部选用SiGe工艺，而77GHz方案有着不同的路线选择：SiGe工艺被英飞凌（Infineon）和飞思卡尔（Freescale）采用并在市场上得到大量应用，CMOS工艺获得了众多大企业竞相研发推广。得州仪器（TI）宣布推出了利用CMOS技术优势的76~81GHz单芯片毫米波雷达传感器，该产品将MCU和DSP以及智能雷达前端集成在内，尽可能降低雷达系统尺寸、功率、外形尺寸和成本，从而进一步助推实现车辆内多个雷达系统的安装。恩智浦宣布推出了号称外形最小（7.5mm×7.5mm）的单芯片77GHz高分辨率毫米波雷达芯片，这款车用雷达芯片的超小尺寸使其可以近乎隐形地安装在汽车的任意位置，且其功耗比基于硅锗技术的传统雷达芯片产品低40%，为汽车传感器的设计安装提供了极大便利。

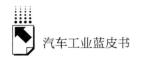

表6 国内主要毫米波雷达厂商

公司	成立年份	团队背景	融资进度	雷达频率	技术路线与进度	优势	劣势
德赛西威	1992	国际领先的汽车电子企业之一，中国最大的汽车电子企业之一	A股上市公司，年利润6.1亿元	24GHz 77GHz	已完成24GHz毫米波雷达样品开发，77GHz毫米波雷达还在研发中	客户优势明显，制造体系完善	技术缺乏积累，研发进度较慢
华域汽车	2009	上汽零部件供应商，全球有93个生产制造研发基地	A股上市公司，2018年营业收入1571.7亿元	24GHz	已完成24GHz毫米波雷达实车应用，已推出77GHz毫米波雷达产品	研发经验丰富，公司资源齐全	缺乏相关技术积累，主业是汽车内饰
同致电子	1979	拥有OEM及ODM实务经验，研发经验丰富	台湾上市公司，2017年营收入78亿新台币，利润四亿新台币	24GHz	研发倒车雷达、倒车摄像头以及电子后视镜，研发ADAS系统	制造能力优秀，客户资源广阔	主业下滑严重，两岸研发配合难度大
芜湖森思泰克	2015	公司从事雷达研发和制造十余年，团队80%具有军工背景	2016年海康威视投资3500万元，占股35%	24GHz 77GHz 79GHz	开发出了24GHz毫米波雷达，已有24GHz、77GHz、79GHz三个频段产品	实力较强，资金来源丰富，公司大力投入研发	产品线定位分散
杭州智波	2015	团队中90%以上为985高等院校硕士毕业，部分博士学历	2016年，亚大股份投资700万元，占比10%，近期股比调整为15%	24GHz 77GHz 79GHz	已有24GHz、77GHz、79GHz三个频段产品	亚大提供技术支持，集成度高	研发经验相对薄弱

续表

公司	成立年份	团队背景	融资进度	雷达频率	技术路线与进度	优势	劣势
行易道	2014	创始人赵捷，中科院电子所博士，军工背景	2017 年初，国科鼎奕等投资	77GHz	2018 年 8 月，成功完成 77GHz 中程毫米波雷达的小批量生产	有军用雷达研发经验，研发时间较早	缺乏汽车工业经验，量产有工艺管控难题
南京隼眼	2015	公司与东南大学毫米波国家重点实验室合作	2019 年 4 月 17 日，恩智浦半导体已经对其进行投资，完成 A 轮融资	77GHz	拥有车载毫米波雷达系统全流程设计能力，可实现汽车电子产品量产的生产在环验证，77GHz 雷达仍处于实验室阶段	与东南大学合作，具备优越的人才资源和实验基地，研发实力强	投入不足
苏州安智汽车	2015	研发团队具备成熟项目经验	2017 年 8 月完成千万元 A 轮融资，资方为上海物联网创业投资基金和台湾华诚资本。2019 年 4 月完成千万元 A+轮融资	77GHz	i - Radar 77GHz 毫米波雷达已完成测试，且完成与摄像头的融合	能够和整车厂做深度绑定的本地化研发	研发经验相对薄弱

续表

公司	成立年份	团队背景	融资进度	雷达频率	技术路线与进度	优势	劣势
苏州豪米波	2016	团队由中组部"国家高层次人才"白杰教授、前中科院研究员、海外回国汽车专家为核心组建	2016年底，公司完成了千万天使轮融资	24GHz 76~77GHz 77~81GHz	76~77GHz远距离毫米波雷达开发，77~81GHz超宽带毫米波雷达技术已完成研发	团队成员研发生产经验丰富，雷达产品具备明显的价格优势	起步晚
深圳安智杰	2014	由15年经验的专家博士领衔几十位雷达方面的优秀人才组成	2018达晨创投加入，完成5000万元A轮融资	24GHz 77GHz	2017年推出第二代24GHz产品，2018年推出77GHz系列产品	具备汽车电子经验，研发进度早，具备量产能力	缺乏车企资源
深圳承泰	2015	陈承文，承泰科技创始人，原华为技术主管	2019年3月6日完成千万元A轮融资，本轮融资由蓝矽资本领投，其他数家机构与企业跟投	77GHz 24GHz 79GHz	具备24GHz,77GHz及79GHz等频段毫米波雷达研发、制造、销售能力，可完整进行毫米波雷达系统量产	具备汽车电子经验，完整的产业链	
湖南纳雷	2012	完整的科研体系和阵容强大的科研队伍，在毫米波雷达、智能天线等领域开展深入研究	2016年2月4日，获得2000万元人民币融资，投资方为湖南华诺星空电子技术有限公司	24GHz	24GHz已产品化	有一定送样量	产品关注分散

续表

公司	成立年份	团队背景	融资进度	雷达频率	技术路线与进度	优势	劣势
北京木牛领航科技	2015	团队成员是学院派和工业界组合	2018年1月29日，公司获得A轮融资，投资方为君联资本，金额未透露	77GHz 79GHz	2017年9月正式发布3款领先77GHz汽车毫米波雷达产品	国际化的团队，有技术和资源方面的优势	—
MotorEye 深圳卓影科技	2012	詹图平，MotorEye创始人。15年影像DSP及汽车电子从业经历	2015年底完成奇虎360千万级战略融资	77GHz	77GHz毫米波雷达开发正在收尾阶段	具备丰富的ADAS核心技术研发经验	—
深圳卓泰达	2012	多年研发及丰富的Android研发经验，团队专注于汽车娱乐导航系统、车联网数据终端、汽车主动安全、智能汽车技术	—	24GHz 77GHz	2014年，研发出军工级RCC毫米波雷达，2016年RCC毫米波雷达上市，77GHz RCC雷达已在深圳九州展现出	产品应用面广，具备RCC车辆远程动态管理系统研发经验	—
长沙莫之比智能	2017	国防科技大学背景，董事长陈浩文为国科大博士，首席技术官为国防科大张旭峰教授	2018年10月，公司完成A轮融资	77GHz	已研发出77GHz毫米波雷达，雷达与视频融合系列产品	智能化技术研发经验丰富，且在电子通信领域也具备优势	—

续表

公司	成立年份	团队背景	融资进度	雷达频率	技术路线与进度	优势	劣势
加特兰微	2014	创始人陈嘉澍博士,是上海千人和浦东百人专家	由全球最大的半导体风险投资机构华登国际领衔投资,具体融资情况不详	77GHz	2017年10月,已量产第一代车用毫米波雷达芯片Yosemite。2018年6月,推出第二代毫米波雷达芯片Alps工程样片。2019年3月21日发布第二代CMOS毫米波雷达芯片SoC-ALPS系列	在雷达集成电路、芯片设计、研发以及系统集成方面具备丰富的经验	—

三 技术发展现状

（一）毫米波雷达概述

毫米波雷达通过测量与其他物体间的相对距离、速度、角度、运动方向等，探知物体信息进行目标追踪和识别分类。雷达测量目标的主要参数是位置、速度和方位角。毫米波雷达的测距原理很简单，就是把无线电波（毫米波）发出去，然后接收回波，根据收发的时间差测得目标的位置数据和相对距离。测速是基于多普勒效应（Doppler Effect）原理，通过计算返回接收天线的雷达波频率变化得到目标相对于雷达的运动速度，简单地说，就是相对速度正比于频率变化量。方位角的测定是通过并列的接收天线收到同一目标反射的雷达波的相位差计算得到。原理如图 3 所示，其中方位角 α_{AZ} 可以通过两个接收天线 RX1 和 RX2 之间的几何距离 d 以及两天线收到雷达回波的相位差 b 通过简单的三角函数计算得到。

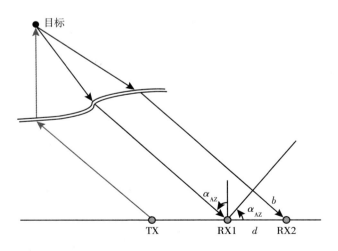

图 3 毫米波雷达测角原理图

根据辐射电磁波方式的不同，毫米波雷达主要分为脉冲体制以及连续波体制两种工作机制。其中连续波又可以分为 FSK（频移键控）、PSK（相移键控）、CW（恒频连续波）、FMCW（调频连续波）等方式。由于可测量多个目标，分辨率较高，信号处理复杂度低，成本低廉，技术成熟，FMCW 雷达成为最常用的车载毫米波雷达，德尔福、电装、博世等 Tier 1 供应商均采用 FMCW 调制方式。

表7　两种工作机制的毫米波雷达对比

工作方式	脉冲类	连续波类			
		CW（恒频连续波）	FSK（频移键控）	PSK（相移键控）	FMCW（调频连续波）
特点	适于长距离目标探测，测量过程简单，测量精度较高	通过来自目标的多普勒频移信息测速	可测量被测目标的距离、速度	利用随机二相码或四相码调制载频测量距离和速度	对多个目标测量距离、速度信息；分辨率高，信号处理复杂度低，成本低廉，技术成熟
不足	在汽车防撞雷达等短距离应用情况下，窄脉冲产生困难，发射峰值功率大，测量多目标困难	不能测量距离	难以测量多个目标	当要求分辨率较高时，对信号处理要求很高，目前技术难以实现	好的线性调频度不宜获得，影响距离分辨率

目前车载毫米波雷达主要有 24GHz SRR（Short Range Radar）和 77GHz LRR（Long Range Radar）两种形式。24GHz 毫米波雷达是一种近距离雷达，主要用于车后方以及前侧方，探测距离 50m，应用于 BSD（盲点监测）、LCA（变道辅助）、PA（泊车辅助）；77GHz 毫米波雷达是一种远距离雷达，主要用于车前方，探测距离 250m 左右，应用于 ACC（自适应巡航）、AEB（自动紧急制动）、FCW（前方碰

撞预警）。77GHz 雷达波长不到 24GHz 的 1/3，收发天线面积大幅减小，体积更小，可同时满足高传输功率和宽工作带宽，即可同时做到长距离探测和高距离分辨率，但目前 77GHz 雷达技术成熟度较低，成本较高，天线、射频电路、芯片等的设计和制造难度较大。目前，24GHzSRR 和 77GHz LRR 是国内外各厂商争夺的重点，带宽更高（比 77GHz 要高出 3 倍以上）、性能更强（分辨率可达 5cm）的 79GHz 频段雷达尚未有大规模量产的企业。

表 8　24GHz 与 77GHz 毫米波雷达对比

对比内容	24GHz（SRR）	77GHz（LRR）
探测距离	≤50m	≤250m
全球频段开放国家数量	大于 150 个国家	约 100 个国家
实现功能	盲点监测（BSD） 变道辅助（LCA） 泊车辅助（PA） 后方穿越车辆报警（RCTA） 开门辅助（EAF） 后方撞击预警（PCR）	自适应巡航（ACC） 自动紧急制动（AEB） 前方碰撞预警（FCW）
市场趋势	应用于汽车后方	应用于汽车前方和侧向
使用	标定相对较为容易	标定复杂

（二）新产品、新技术发展

1. 近距离毫米波雷达（SRR）

德尔福于 2018 年 6 月研发的 SRR2 后侧毫米波雷达，有助于实现驾驶员在换车道时会意识到接近的车辆轮流。通过在车辆进入时提供警报盲点到车辆的后方或侧面，SRR2 有助于提供司机有更多时间对可能难以看清的障碍做出反应在侧镜。德尔福 SRR2 毫米波雷达采用 76GHz 系统，具有更好的多普勒检测，更广泛宽和比 24GHz 系统

更小的 RF 窗口，使该雷达具有更高质量的目标歧视；优越的最小范围，范围精度，范围歧视和远距离能力；简化车辆整合警报由车辆制造商决定，可以在侧视镜中包括可听见的钟声和/或视觉指示器。为了减少妨扰警告的可能性，可以听到警报当使用转向信号时，会自动停用。

德尔福的 SRR2 有助于减少事故。SRR2 启用功能包括：盲点监测——监测物体的存在车辆侧面盲点；车道更换合并辅助——监控过往车辆相邻的车道，以帮助司机选择更安全的车道更换；后交叉交通警报——监测任何一方的物体装备的车辆并警告司机即将到来车辆；预碰撞检测——监测来自接近的车辆的碰撞和工作的其他车辆。

表 9　Delphi SRR2 参数信息

性能参数	数值
频率	76 ~ 77GHz
探测距离	0.5 ~ 80m
水平视场角	+/−75deg
垂直视场角	+/−5deg
更新率	50msec
速度	−50(Closing) to +10m/sec(Opening)
距离精度	+/−0.5m(noise error)2.5%(bias error)
测速精度	+/−0.125m/sec
方位角精度	+/−1deg
距离鉴别	1.5m
接近速度鉴别	0.25m/sec
角分辨率	None

2. 中距毫米波雷达（MRR）

博世于 2017 年 4 月研发出了新一轮的中距、长距雷达。这种新型 77GHz 传感器采用 SiGe 技术，高集成度与简易设计使传感器体积

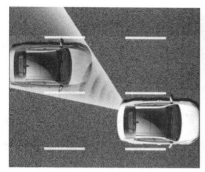

图4 SRR2 在汽车的应用

更小、重量更轻，从而可以隐蔽地安装在车辆保险杠或水箱上。新型传感器通过 CAN 和 Flexray 界面与汽车电子系统进行连接。

博世中距雷达传感器具有三个发射器和四个接收器通道，工作在 76~77GHz 频段，可满足标准的汽车雷达系统应用。其上一代产品的工作张角（aperture angle）可达 ±45 度，能探测远达 160 米的物体。凭借小型化设计（采用英飞凌的扇出 RF 器件），该雷达系统很容易被集成到汽车中。

图5 博世中距雷达

注：前向探测距离≤160m；后向探测距离≤80m，视场150°。

3. 长距毫米波雷达（LRR）

博世长距雷达 LRR4 相比前代，功率更大，结构更紧凑，成本效益更高。全新 LRR4 雷达传感器中的特点在于对产品雷达波束进行优化。其前一代产品采用 4 条光束捆绑并产生对前方目标投射，LRR4除了采用原有 4 束光以外，还另外增加 2 条雷达光束，使雷达探测广角达 40°，比上一代宽了 10°，提升了 33%。这使车辆能在更早的情况之下被检测到，也在一定程度上提高了汽车自动巡航系统的反应能力。

据悉，新型 LRR4 长距雷达可以检测到 250 米以外的车辆，使自巡航模式下的汽车时速可达到 160km/h。通过 6 道光束，雷达能更精确测出物体高度，以便更好地避开它们。博世还为使用 LRR4 车辆前方两侧各安装一个雷达，除了实现更宽广的探测视野外，还能检测到盲点区域，可以使车载安全系统做出更快的反应。

汽车辅助系统要用到不止一个传感器。LRR4 可以利用它本身的控制单元处理其他雷达传感器、摄像头、超声波传感器的信息。通过强大的软件算法，"传感器数据融合"后，系统能够得到一个高精确度的"图像"，简单地说，就是系统可以充分掌控车辆周围的信息。通过这一点，它还能检测并评估行人、车辆或障碍物是否会对本车造成威胁，进一步提高自动紧急制动系统的功能性。

相比传统的 24GHz 雷达传感器，博世 77GHz 雷达传感器功能更加强劲，目标识别率是前者的 3 倍，测速和测距精准率提高了 3 ~ 5 倍。新型的设计也更为紧凑，77GHz 也是至今乃至未来汽车雷达永久分配的频段，特别适合于全球汽车市场的车型平台。

4. 基于 CMOS 工艺的毫米波雷达芯片

目前大多数商用雷达系统，特别是高级驾驶员辅助系统（ADAS）中的雷达系统，均基于锗硅（SiGe）技术。而一些高端车辆都有一个多芯片 SiGe 雷达系统。虽然基于 SiGe 技术的 77GHz 汽车

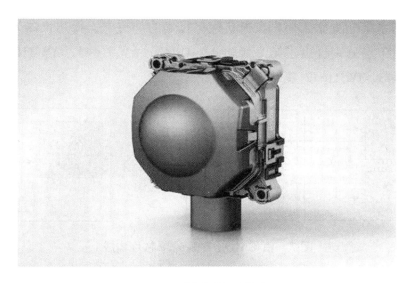

图6　博世长距雷达

雷达系统能够满足自适应巡航控制时的高速度要求，但由于它们体积过大，过于笨重，占用了大量电路板空间。CMOS工艺带来的一个最大的好处就是成本的低廉。除了成本以外，CMOS工艺的另外一个好处就是具备很高的集成度，这大大降低了毫米波雷达模块的板级设计的复杂度，提升了效率，节省了团队的开发时间成本。也因为集成度高，让毫米波雷达的小型化设计成为可能。综上，CMOS工艺如今不但可以用于77GHz毫米波雷达芯片的设计，而且也符合毫米波雷达低成本、小型化的发展需求。

通过充分利用互补金属氧化物半导体技术，并将嵌入式微控制器（MCU）和数字信号处理（DSP）以及智能雷达前端集成在内，得州仪器（TI）已经将集成度提升至新高度。前端具有处理功能将尽可能降低雷达系统尺寸、功率、外形尺寸和成本，从而进一步实现车辆内多个雷达系统的安装。采用CMOS技术的TI传感器能够支持此项扩展能力，实现高容量的大批量生产。CMOS技术进一步提高了TI在模拟组件中嵌入数字功能的能力，从而实现了在雷达系统部署方面

的全新系统配置和拓扑。在极具优势技术的加持下，得州仪器为汽车
和工业市场分别推出了第一代的 AWR1243、AWR1443、AWR1642 和
IWR1443、IWR1642 系列产品。

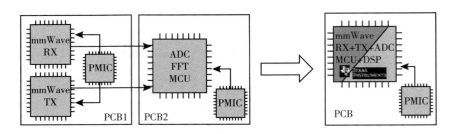

图7　由 CMOS 实现的单芯片集成

2019 年得州仪器宣称其集成前端 MMIC、DSP 和 MCU 单芯片雷
达解决方案（AWR1642）已实现了大规模量产，相比于传统的
24GHz 方案，其外形尺寸缩小 33%，功耗减少 50%，范围精度提高
10 倍以上，且整体方案成本更低。

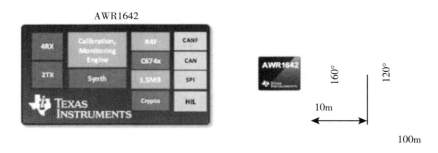

图8　AWR1642 单芯片传感器、视野范围和视域能力

加特兰（Calterah）是一家初创公司，经过两年多的时间，加特
兰发布了全球首颗 77GHz CMOS 毫米波雷达芯片 Yosemite，这是一颗
毫米波雷达的收发芯片，这颗芯片采用了 40nm 的 CMOS 工艺制程，
使用了先进的可分装技术，分装的好处是在射频端的损耗可以降到最

低，极大提升了射频的性能。这颗芯片的集成度也是很高的，加特兰在芯片当中集成了 2 个发射通道以及 4 个接收通道，还有一个 PLL（FMCW 波形产生器），再加上一个基带增益部分，这样一颗单芯片集成了前代锗硅工艺的几个套片所能达到的所有功能。

5. 24GHz 亚毫米波雷达传感器

日本电装公司（DENSO）于 2017 年 8 月宣布其已经开发出了一款新的 24GHz 亚毫米波汽车后方及侧面雷达传感器，以帮助提升车辆的安全系统。这款亚毫米波雷达传感器将装配于发布的 2018 款丰田凯美瑞车型。

这款传感器策略性地装配于车辆的后保险杆内，以监测可能进入驾驶员后方和侧面盲区的其他车辆，并在车辆倒车时监测从后方左右两侧接近的其他车辆。这款亚毫米波雷达传感器作为整体汽车安全系统的一部分，可以帮助驾驶员在更换车道或者倒车出停车位时识别并躲避其他的车辆，还可以控制自动紧急制动功能以避免即将发生的碰撞。

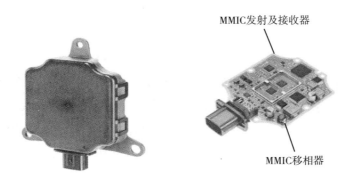

图 9　电装 24GHz 亚毫米波雷达传感器外观及内部

为了能够在向前行驶以及倒车时可以准确探测，此款亚毫米波雷达传感器采用了一种移相器来转换感应的方向以及感应的范围。此

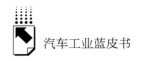
外，无线电波的发射、接收以及移相器功能都是通过单独的集成电路（IC）运行的，以减小传感器的尺寸。这款亚毫米波雷达传感器的单片微波集成电路（MMIC）半导体晶圆由 Tower Jazz 公司制造，用于稳定雷达传感器的输出等级和接收灵敏度。

6. 多维成像雷达

AI 在汽车雷达中的应用使雷达产品具有目标分类和识别的能力。目前行易道科技的 SAR 成像雷达已实现高分辨率二维成像，并将实现三维成像，对周边场景进行精准的建模，从而进一步实现对无论是静态还是动态目标的实时识别，并判断目标类型。

行易道公司的 79GHz SAR 成像雷达（合成孔径雷达）系统采用高集成度、高带宽的射频前端芯片，除探测功能外还具备高分辨率成像功能。无论是距离向分辨率和方位向分辨率，还是刷新时间，都能够达到 L3 及以上自动驾驶技术对于传感器的高端要求。

SAR 成像雷达发射大带宽信号，形成距离向高分辨；将雷达安置于汽车侧面，能够利用汽车运动合成等效的长孔径，形成方位向高分辨；最终，结合距离向与方位向，形成高分辨二维雷达图像。

目前市场上的汽车雷达都采用 FMCW（调频连续波）信号，同一个时间只能收发一个频率。为了提高频率的使用效率，雷达信号可以采用 OFDM（正交频分复用）体制。这种雷达可以把多载波数字通信传输技术、MIMO（多输入多输出）技术和 DBF（数字波束形成）有效结合，产生高分辨率、数字调制、抗干扰、通信等功能。这一全新的雷达 – 通信系统（RadCom），可以和自动驾驶系统中的 V2X 系统（车联网平台）相连接，助力智能网联汽车在现实道路上实时解读交通信息，选择最佳行驶路线，降低事故率。

行易道科技目前已研发出 77GHz 中程毫米波雷达、79GHz 近程毫米波雷达和 79GHz SAR 雷达，与过去汽车主流商用的 24GHz 雷达相比，具有更高的精度、更高的分辨率以及更小的尺寸。如此精巧的迷你雷达可以非常方便地安装在汽车的四个角，比如车灯的位置，实现汽车智能驾驶中的盲点监测、变道辅助、预防追尾、停车辅助等功能。

表 10　北京行易道毫米波雷达产品信息

毫米波雷达	产品参数	系统功能
77GHz 中程毫米波雷达	项目:MRR 刷新周期:70ms 作用距离:1.5~160m 速度范围:-260~130km/h 方位角度范围:±5°@160m、±15°@100m、±30°@30m 目标数量:64	前方碰撞预警(FCW) 自适应巡航(ACC) 自动紧急制动(AEB)
79GHz 近程毫米波雷达	项目:SRR 刷新周期:50ms 作用距离:0.5~100m 速度范围:-260~130km/h 方位角度范围:150° 目标数量:32	盲点监测(BSD) 变道辅助(LCA) 后方碰撞预警(RCW) 停车辅助功能(PAS) 开门预警(DOW) 前/后方穿行预警(F/RCTA)
77GHz 远程毫米波雷达	项目:LRR 刷新周期:50ms 作用距离:1.5~250m 速度范围:-260~130km/h 方位角度范围±4°@250m、±30°@60m、±45°@30m 目标数量:64	自动驾驶(ADS) 前方碰撞预警(FCW) 自适应巡航(ACC) 自动紧急制动(AEB)
79GHz SAR 成像雷达(2018年3月在慕尼黑上海电子展展出)	刷新周期:70ms 作用距离:1.5~160m 速度范围:-260~130km/h 方位角度范围:±5°@160m、±15°@100m、±30°@30m	自动驾驶(ADS)

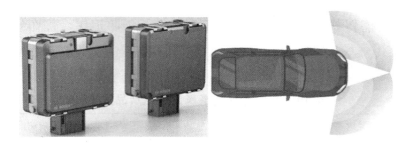

图10 79GHz SAR 成像雷达外形设计及安装位置

（三）核心零部件技术发展

以调频连续波为例，毫米波雷达系统主要包括天线、前端收发组件、数字信号处理器（DSP）和控制电路，其中天线和前端收发组件是毫米波雷达最核心的硬件部分。

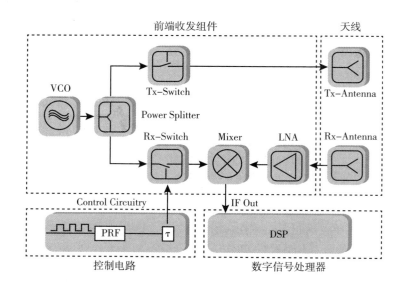

图11 毫米波雷达系统基本结构示意

1. 天线

天线作为毫米波发射和接收的重要部件，是汽车毫米波雷达有效工作的关键设计之一。毫米波雷达天线的设计首先满足大批量生产且低成本，其次要便于安装在车的头部，且天线须被集成在车内而不能影响汽车的外观。

目前毫米波雷达天线的主流方案是微带阵列，最常见的一种是设计成可集成在 PCB 板上的"微带贴片天线"。相比一般的微波天线，这种微带天线具有多方面优点：①体积小，重量轻，低剖面，能与载体（如飞行器）共形；②低成本，适合于印刷电路技术大批量生产；③电性能多样化，不同设计的微带元，其最大辐射方向可以从边射到端射范围内调整，易于得到各种极化；④易集成，能和有源器件、电路集成为统一的组件等，极大地满足了车载雷达低成本和体积小的需求。

2. 前端收发组件

前端收发组件是毫米波雷达的核心射频部分，负责毫米波信号调制、发射、接收以及回波信号的解调。目前，前端收发组件主要有混合微波集成电路（HMIC）和单片微波集成电路（MMIC）两种形式。

HMIC 是采用薄膜或厚膜技术，先将微波电路制作在适合传输微波信号的基片（如蓝宝石、石英等），再将分立的有源器件连接、组装起来的集成电路。而 MMIC 则是采用平面技术，将所有的微波功能电路用半导体工艺制造在砷化镓（GaAs）、锗硅（SiGe）或硅（Si）等半导体芯片上的集成电路。相比 HMIC，MMIC 大大简化了雷达系统结构，集成度高，成本低且成品率高，更适合于大规模生产。目前大多数毫米波雷达前端 MMIC 基于 SiGe Bi CMOS 技术，SiGe 高频特性良好，材料安全性佳，导热性好，而且制程成熟，整合度较高，成本较低。利用 CMOS 工艺，不仅可将 MMIC 做得更小，甚至可以与微控制单元（MCU）和数字信号处理（DSP）集成在一起，实现更高

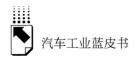

的集成度。所以这不仅能显著降低系统尺寸、功率和成本，还能嵌入更多的功能。

目前，MMIC 主要是由国外厂商把控，尤其是 77GHz 的，国内的目前还只是在 24GHz 的 MMIC 有所突破，国内外主要厂商有英飞凌、ST、NXP、FujiTsu Ten、TI、得捷电子、安森美、飞思卡尔、瑞萨电子、意行半导体、清能华波、东南大学毫米波国家重点实验室、加特兰（77GHz）、南京米勒。

3. 数字信号处理器

数字信号处理系统也是雷达重要的组成部分，通过嵌入不同的信号处理算法，提取从前端采集得到的中频信号，获得特定类型的目标信息。数字信号处理可以通过 DSP 芯片或 FPGA 芯片来实现。

DSP 是专门的微处理器，适用于条件进程，特别是较复杂的多算法任务。FPGA 包含有大量实现组合逻辑的资源，可以完成较大规模的组合逻辑电路设计，同时还包含有相当数量的触发器，借助这些触发器，FPGA 又能完成复杂的时序逻辑功能。由于 FPGA 芯片在大数据量的底层算法处理上的优势及 DSP 芯片在复杂算法处理上的优势，融合 DSP + FPGA 的实时信号处理系统的应用越来越广泛。

目前高端 DSP 芯片和 FPGA 芯片主要被国外企业垄断，DSP 芯片制造商主要有得州仪器（TI）、亚德诺半导体（ADI）、意法半导体（ST）、英飞凌（Infineon）、恩智浦（NXP）等。FPGA 市场的主要厂商有赛灵思（Xilinx）、阿尔特拉（Altera，被 Intel 收购）、美高森美（Microsemi）以及莱迪思（Lattice）。

4. 控制电路

控制电路是汽车雷达系统实现汽车主动安全控制执行的最后一环，根据信号处理器获得的目标信息，结合车身动态信息进行数据融合，最终通过主处理器进行智能处理，对车辆前方出现的障碍物进行分析判断，并迅速做出处理和发出指令，及时传输给报警显示系统和制动执行系统。当前方车辆或物体距离过近超过警戒设置时，报警显示系统能以声、光及触觉等多种方式告知或警告驾驶员，前方有危险需要谨慎驾驶。如遇危险时启动制动系统，迅速根据险情对车辆做出包括减速、重刹、停车等在内的主动干预动作，从而保证驾驶过程的安全性和舒适性，降低事故发生概率。

（四）技术研究热点分析

在毫米波雷达构建技术领域，当前的研究热点主要有以下几个方面。

1. 高度集成和轻小型化

毫米波雷达向集成化方向发展，支持这一发展的就是微波、毫米波集成电路规划的实施。现在在毫米波集成电路中担任主角的除金属半导体场效应晶体管之外，又研制成功了高电子迁移率晶体管，它采用 GaAs 材料，与以前接收机用的毫米波器件相比，噪声系数改善 4~8dB。利用高电子迁移率晶体管技术的低噪声接收机，噪声系数只有 2.75dB，已在新的相控阵雷达中应用。一个单片芯片构成的 Ka 波段调频连续波雷达收/发机已经公开演示。

2. 有源相控阵技术

相对机械扫描雷达，相控阵雷达具有多项优势：可以形成多波束，能对付多目标；可靠性高，抗干扰能力强；反应时间短，数据率高；具有空间功率合成能力等。这些特点为提高毫米波雷达能力，增加雷达的功能，适应现代智能汽车需求的变化，提供了有效保证。电扫和共形在智能汽车上的应用，电扫和小巧体积重量对于空间探测应用等都将牵引和推动毫米波雷达技术，特别是毫米波相控阵技术的快速发展。

3. 目标分类识别技术

精密跟踪、目标分类识别和雷达图像的景象匹配，是毫米波雷

达，特别是毫米波侦察监视雷达、末制导雷达和空间探测雷达的关键技术。采用宽带信号，利用毫米波空间高分辨特性、毫米波成像技术（干涉合成孔径成像、合成孔径成像和逆合成孔径成像技术），同时结合高精度跟踪的航迹、速度、加速度和位置信息，辅以频谱、幅度等是完成目标识别的重要手段。多传感器的信息融合、多平台信息的交互和协同也将提高目标识别的效果。

（五）未来发展趋势分析

毫米波雷达作为影响自动驾驶发展趋势的关键零部件之一，其优势突出，发展潜力巨大，尤其是在汽车产业持续壮大的形势下，国内外各个企业机构都在积极布局，加大研发力度，致力于把车载毫米波雷达推向一个新的高度，创造更大的价值。经过研究分析，目前毫米波雷达主要朝着以下趋势发展。

1. 24GHz 向77GHz/79GHz 升级

自动驾驶从 L1 级向 L5 级不断演进，对毫米波雷达精度的需求也逐渐增加。与 24GHz 毫米波雷达相比，77GHz 长毫米波雷达具有检测精度更高、体积更小等优势，受到越来越多公司的青睐。目前一些高端车型的雷达系统正在从 24GHz 向 77GHz 升级。以 ACC（自适应巡航）为例，雷达升级成 77GHz 毫米波雷达后，ACC 的工作时速由 25km/h 起，是 24GHz 雷达系统识别率的 3 倍，测速和测距的精准率提高了 3~5 倍，可以更准确快速地监测与前车的距离，在保持距离的情况下随前车的速度进行加减速、刹停和起步。

毫米波雷达芯片 CMOS 工艺推动 77GHz/79GHz 毫米波雷达技术进步和成本的降低，为大规模市场化提供了支持。众所周知，芯片的高成本是 77GHz/79GHz 毫米波雷达成本较高的一个因素。GaAs 芯片时代，前端芯片成本占整个成本的 40%；到了 SiGe 芯片时代，成本相对于 GaAs 工艺下降了 50%，同时射频芯片部分的比例也降到了

36%左右；目前的CMOS工艺时代，相对于SiGe工艺整体造价又下降了40%。其次，相比RF用的SiGe技术，CMOS工艺更精确，功耗更低，集成度更高。

许多国家的政策规划推动了毫米波雷达的升级。根据美国联邦通信委员会（FCC）和欧洲航天技术研究所（ESTI）的规划，24GHz的宽频段（21.65~26.65GHz）将在2022年过期，之后汽车在24GHz能用的仅剩下24.05~24.25GHz范围的窄带频谱，反之，在77GHz频段，汽车雷达将能使用77~81GHz高达4GHz的带宽。

2. 多传感器融合应用

环境感知系统利用摄像头、毫米波雷达、激光雷达、超声波等主要车载传感器以及V2X通信系统，感知周围环境，提取路况信息，监测障碍物，为智能网联汽车提供决策依据。在环境感知中，每一种传感器在尺寸、价格、适应场景、成像、测距、定位、物体识别等方面各有优劣，例如，毫米波雷达不受天气影响，可全天候全天时工作，但分辨率不高，不能区分人和物；摄像头有更高的分辨率，能够感知颜色，但受强光影响较大；激光雷达能够提供三维尺度感知信息，对环境的重构能力强，但受天气影响大。传感器各有优劣，难以互相替代，自动驾驶的实现需要多种传感器的相互配合，共同构成汽车的感知系统。

摄像头和雷达相互配合构成的汽车感知系统，可实现更稳定可靠的功能。主要技术融合包括图像级融合、目标级融合、信号级融合等部分，其中，信号级别的融合数据损失最小，可靠性最高，但需要大量的运算。基于多传感器信息融合的车辆，可接收到车辆前方目标信息和本车状态信息，识别出本车前方车辆的距离和速度等状态信息，并进行碰撞危险估计。融合技术使驾驶员反应时间、制动距离、速度三个方面得到优化控制，减少驾驶员的负担和判断错误，对于提高交通安全性具有重要意义，是实现汽车自动驾驶的基础。

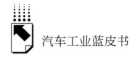

3. 系统功能不断拓宽

20 世纪 90 年代起，毫米波雷达就被用于汽车领域，主要应用于汽车自适应巡航功能，这主要依赖于毫米波长达 200 米以上的距离探测功能。之后，毫米波雷达陆续发展出防撞、盲区探测等众多功能，但是技术门槛一直很高，价格也一直很贵。直到 2012 年毫米波射频芯片的出现，降低了技术门槛和成本，才为汽车领域的广泛应用打开窗口。

车辆行驶安全与否，最主要的判断依据是两车之间的相对距离和相对速度信息，高速行驶的车辆更甚。凭借出色的测距测速能力及"短程 + 中程 + 长程"的结合，毫米波雷达被广泛地应用在自适应巡航控制、自动紧急制动、前方/后方碰撞预警、盲点监测、辅助停车、泊车辅助、倒车辅助、辅助变道等多种 ADAS 功能。另外，毫米波雷达还在无人机、安防、智能交通、工业以及军用领域发挥着非常重要的作用：无人机领域主要应用体现在定高和避障两个方面；安防领域主要应用在一些重要区域的安全警戒；智能交通领域主要应用于车辆监测、交通量调查、交通事件检测、交通诱导、超速监测、电子卡口、电子警察和红绿灯控制等；工业领域主要应用于工业液位计、挖掘机、重型推土机、高压电线塔附近安全施工、生产安全监测等；军用领域主要应用于雷达探测、导弹制导、卫星遥感、电子对抗等。

四　国内外发展对比分析

国内的毫米波雷达市场 95% 以上被国外汽车电子巨头公司占领，这些公司基本不单独向国内销售，只售卖全套系统，价格相当高昂，并且高频毫米波雷达芯片对于我国长期处于禁运管制状态。通过研究分析，目前国内与国外优势国家相比主要有以下几点差异。

（一）测试评价体系不完善

随着 ADAS 由高端车市场向中低端市场渗透，ADAS 的作用已不仅仅局限于提高汽车的驾驶舒适性，同时也为汽车的主动安全提供了保障。但因涉及汽车的安全，尤其是在自动紧急制动中的毫米波雷达，作为环境感知的重要零部件之一，其性能测试评价工作尤为重要。

目前，车载毫米波雷达产品所需进行的测试内容包括单元/集成测试、基本功能测试、电性能测试、可靠性测试、CAN 通信网络/诊断测试五个方面。测试评价不仅仅是针对产品完成后的性能测试，量产前的测试可帮助优化产品，缩短开发周期。目前我国的毫米波雷达测试评价体系不完善，各个公司应用的测试评价方法也不尽相同，主流的雷达测试供应商主要有罗德与施瓦茨（R&S）、dSPACE、东扬精测系统等。为有效推动毫米波雷达行业发展，应联合中国汽车工程研究院、中国汽车技术研究中心及行业力量等，推动测试评价标准的制定。

（二）成本高，缺乏价格优势

随着自动驾驶级别的快速提高，单车装载的毫米波雷达数量也逐步增加。车企为控制整车成本，对车载毫米波雷达成本要求非常高，并且还要逐步降本。虽然目前国内一些企业已具备毫米波雷达量产能力，但是成本却是居高不下。影响国产毫米波雷达成本的原因主要有以下几个：一是技术基础底子薄，国内企业研发所需的测试设备和生产设备都需要从国外购买，价格高昂；二是毫米波雷达开发周期在12 个月以上，加上产品的静态测试、动态测试、上车测试以及各种复杂环境下的测试，整个研制周期至少要 2 年，研发成本高；三是在现有的产品中，雷达后端算法的专利授权费用约占成本的 50%，射

频前端约占成本的40%，信号处理系统约占成本的10%，相比国外公司，国内厂家需要支付高额的专利费用。

（三）缺乏量产经验，产品一致性差

雷达的量产是一个非常复杂的过程，需要经过研发设计、原材料选型、芯片供应、生产制造、测试评价、成品完成等一系列工作，每一个节点出现问题，都可能卡死雷达的国产梦。从2013年起，国内涌现了一批24GHz、77GHz毫米波雷达供应商，其中部分厂商已具有24GHz毫米波雷达量产能力，但能做到77GHz毫米波雷达量产的却寥寥无几。

虽然部分国内企业的77GHz毫米波雷达技术有了不少突破，但是时至今日，受可靠性设计苛刻、验证过程复杂等因素影响，77GHz毫米波雷达产品一致性很难保证。产品一致性既要求保证其可靠性，还能保证在系统、材料、软硬件、结构、测试验证、生产工艺、一致性等方面都做到万无一失，这也是国内至今仍未有大批量产品出现的原因。此外，批量生产测试校准可能是目前影响毫米波雷达大批量生产的最重要因素，因为国外实施的技术封锁，国内无法引进相关设备，只能靠自主研发批量生产需要搭建的测试装备，其难度或许超过产品本身研发。

（四）专业人才严重缺乏

车载雷达研发需要丰富的雷达系统和毫米波射频设计经验与能力，而这一领域的人才多集中在国内的军工企业和国外企业，传统的汽车电子公司之前很少涉及这一领域。目前有不少公司开始涉足毫米波雷达行业，但是因为开发毫米波雷达需要面临从射频、天线到信号处理，再到控制策略等的不断投入积累，时间长，成本高，人才积累成本很高，尤其对于初创企业来说压力很大。

目前，国内第一批做毫米波雷达的企业已经开始逐步发展壮大，但大多数都是在 2014～2016 年成立的，团队往往具备科研背景、军工背景或供应商跳槽创业背景，这些公司高级人才数量有限，现阶段人才聚集效应不强。

五　问题及建议

（一）落实顶层设计，完善政策标准

目前我国已经印发《中国制造 2025》《汽车产业中长期发展规划》《智能汽车创新发展战略》等顶层规划文件，为加快毫米波雷达产业发展进程，建议各相关部委加快制定有针对性的毫米波雷达产业政策、技术标准以及促进毫米波雷达技术发展的引导文件，建议各相关部门充分落实我国目前智能网联汽车产业的顶层设计和政策文件，形成有利于毫米波雷达产业发展的政策环境。同时我国毫米波雷达产业技术基础薄弱，在前期设计研发测试过程中存在极大的不确定性，需要面临极大的资本压力，建议对毫米波雷达产业发展提供一定的资金支持，或设立国家重点研发计划等科研项目，并规范和保护毫米波雷达技术的知识产权，强化毫米波雷达自主创新体系建设，加大自主研发项目、自主研发成果市场转化的财税等支持力度。

（二）推进军民融合，协同创新合作

目前，毫米波雷达技术已经在军事领域有了大量的应用，但由于小型化、成本控制、测试验证等因素在车用领域发展相对缓慢。因我国各大军工雷达院经过多年的实验与研发，已经形成了成熟的设计、研发、测试以及生产能力，车用领域毫米波雷达产业可借助其完善的军用技术体系，与其充分融合，深化产学研军政合作。另外，需强化

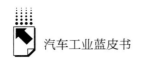

毫米波雷达产业基础技术、关键技术、核心技术的攻关，夯实毫米波雷达产业基础，积极推进军民融合以及行业创新合作，加速军民科技资源共享和技术对接，实现毫米波雷达科技成果的相互转化，助推我国智能网联汽车产业快速发展。

（三）优化产业环境，促进资源整合

我国毫米波雷达产业近几年才刚刚起步，产业链尚未成熟，产品面临激烈的市场竞争，而技术与市场主要由美、日、德等国家所掌握，并且掌握领先技术的国家均对我国采取了技术封锁。单独的毫米波雷达并不能有效应用于车载领域，通常应用于高级驾驶辅助系统，如自动紧急制动系统、自适应巡航系统。因此，我国应加强芯片企业、硬件企业、算法企业、整机及整车企业、科研院所、军工研究院等的通力合作，鼓励整零企业协同创新，加强毫米波雷达全产业链技术突破，实现毫米波雷达与主动安全辅助系统联合开发，形成资源整合优势。

（四）攻关核心技术，培养人才队伍

目前，我国在毫米波雷达技术方面存在诸多问题，例如，毫米波雷达的成本控制相对苛刻；毫米波雷达可靠性要求高，研发测试周期时间长且成本回收困难；我国缺乏丰富的类型系统和毫米波射频设计经验与能力，专业人才储备明显不足等深刻制约毫米波雷达产业发展。为有效应对上述问题，还应培育基础扎实的人才队伍，完善充实我国毫米波雷达产业的知识储备，给予相关人员充足的研发测试发展环境，发挥工匠精神，逐步形成对国外毫米波雷达企业的技术并轨及技术超越。同时，立足自主，加强国际协同，寻找合适途径开展国际合作，引导毫米波雷达企业对各阶段制约产业自主发展的应用技术进行攻关，力争补齐短板，全面掌握毫米波雷达关键技术。相关人员应在研发测试过程中积累经验以及试验数据，提高对基础制造工艺的重视程度，加强毫米波雷达工艺研究，注重工艺与毫米波雷达装备的密切结合，推进毫米波雷达工艺革新，着力解决毫米波雷达基础制造工艺的关键问题，不断探索提升毫米波雷达产品质量。

B.7
智能座舱子行业发展

摘　要：　智能汽车兴起，"智能座舱"概念也随之成为汽车行业新宠。近期的车展和CES展会上，主机厂、零部件供应商、半导体厂家都纷纷推出了智能驾驶舱方案或新技术，获得众多消费者关注。本文重点分析智能座舱行业发展现状、产品和技术现状及趋势，详细阐述国内外核心技术差异等内容，并结合现阶段行业发展的问题提出建议。

关键词：　智能座舱　SOC　AR – HUD　车联网

一　行业发展概况

随着智能汽车的发展，除了车联网、自动驾驶外，智能座舱也逐渐成为关注热点。虽然业内对智能座舱尚无明确定义，但从广义上来说，智能座舱包括液晶仪表、车载信息娱乐系统IVI、车联网，以及人机交互系统等，座舱电子功能丰富，具备支持语音识别、手势识别、高清显示、主动安全报警、实时导航、在线信息娱乐、紧急救援等功能和服务，而随着更多新功能的加入，座舱电子设备成本及复杂性也在不断地增加。

目前全球车载信息娱乐系统市场竞争格局相对分散，哈曼、阿尔派、博世、三菱、电装等市占率排名相对靠前，具备一定的先发优势。近年来，国内企业逐步转型，走出一条后装向前装渗透的路径，具备技术创新能力更强、响应速度更快、生产成本更低等天然优势，如以德赛西威、华阳、航盛为代表的企业，国内厂商有望逐步实现进口替代。具体到智能座舱领域相关产品，首次在前装市场上出现的是德赛西威为海马 S5 车型搭载的安卓导航主机；之后上汽斑马为荣威 RX5 开发的"斑马系统"，脱离了安卓操作系统，重新构建的基于汽车使用场景的开放式系统和应用生态圈，包含导航、音乐、在线支付甚至是无人机控制等功能；传统整车厂及其一级供应商（Tire 1）注重"域控制器"（Domain Controller）的发展，2018 年德国宝马公司率先将原来各自独立的空调控制器、车身控制单元、无钥匙进入/启动系统集成在一起，构成车身域控制器。

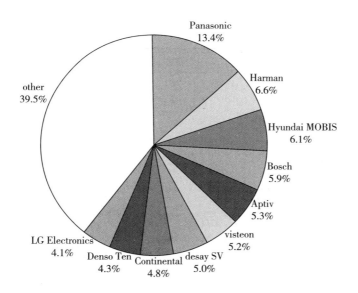

图1　2018 年全球汽车电子娱乐多媒体供应商占比情况

资料来源：IHS 市场数据。

座舱电子从高端车型向中低端车型的渗透正在加速，并逐渐进入大众化普及阶段。根据 IHS Markit Automotive Display Market Tracker

发布的2018年汽车用显示器面板出货情况：2018年汽车用显示器面板出货达161.5百万片，全年较2017年增长9.4%，其中中控显示面板仍为最大应用市场，出货量为78.3百万片，仪表板显示面板为60.8百万片，其他应用为22.4百万片。智能座舱中全液晶仪表盘、HUD等功能的渗透率较低，在豪华车和新能源汽车中的渗透率在5%左右，但处于加速发展态势，预计2020年渗透率能达到20%。新能源汽车的快速发展和ADAS的加速渗透为座舱电子发展提供了良好契机。德赛西威预测2021年有望出现匹配L3自动驾驶的智能驾驶舱1.1版本；2024年整个驾驶舱域控制产品会普及到所有的乘用车。

表1   相关功能的渗透率对比

单位：%

相关功能	2017年渗透率	2020年渗透率
中控液晶屏	70	90
液晶仪表	5	30
HUD	4	10
车联网模块	15	30

二　产品技术发展概况

2018年4月的北京车展上，众多国内外整车制造商展示了它们对未来的展望。如何能让汽车成为万物互联的一个节点，在驾驶舱这里体现得淋漓尽致，消费者可以通过在舱内的触摸屏，甚至是全息投影屏上触发模拟家里的咖啡机、电风扇等家电，体验未来生活的便利。而汽车厂家和供应商关注和讨论更多的是AR－HUD的落地，多模态技术在驾驶舱内的应用场景等。

　　宣导"以人为本，体验优先"产品理念的造车新势力陆续发布了各自的新能源车型，如车和家的理想 One、小鹏的 G3、天际的EM－7等。这些新车无一不给市场传递着未来、高科技的气息，特别是在驾驶舱设计上：车内的显示屏多（理想 One 共计 4 块屏，天际 EM－7 共计 5 块屏）；屏幕尺寸大（小鹏 G3 中控屏 15.6寸）；在显示屏的 UI/UX 设计上与传统车截然不同，在大尺寸TFT 仪表的 UI 设计上尤为明显。传统整车制造商倾向于延续自己品牌的调性，强调自己的传承，其仪表 UI 是在传统表盘造型的基础上设计完成的，左右分别是转速表、时速表，中间区域用作多功能显示。例如路虎星脉虽采用了三块 TFT 屏幕，但屏幕的布局延续了传统路虎作风，仪表、导航和空调控制上的传统位置改变不大。相对而言，新势力造车的仪表 UI 基本上都没有传统的表盘设计，而是采用数字显示的方式。新势力造车和传统整车制造商在整个驾驶舱方案及主流芯片选择上也不一样：新势力更倾向于高通 820A的方案，而传统车厂倾向于瑞萨、得州仪器、恩惠浦等传统汽车电子芯片厂。

图 2　奔驰 S 级仪表造型

图 3　理想 One 仪表造型

（一）SOC 技术

SOC（System Of Chip）是驾驶舱产品的大脑，为驾驶舱产品的软硬分离提供了技术条件。

SOC 的供应商在当前基本上可以被分成两个流派：以瑞萨电子、得州仪器、恩惠浦为代表的传统汽车电子芯片厂商；以高通、英伟达、英特尔为代表的消费类电子厂商进入汽车电子行业。从车型配套看，日系客户倾向于瑞萨电子，欧美客户倾向于恩惠浦、得州仪器。从市场竞争来看，做消费类电子的芯片厂商产品迭代周期更短，且消费类电子有足够多的量来分摊高昂的研发成本，市场优势更为明显。而传统汽车电子芯片商，因迭代周期长、用量小导致电子芯片的领先性不高，很难在竞争中立于不败之地。对于传统车厂来说，由于其体系庞大的惯性，很难迅速转头，所以短期内仍然会以传统汽车电子芯片商的技术路线图为主。其中部分传统车厂在产品策划阶段即瞄准高通顶级车规级芯片。新势力造车更是一边倒地选择高通 820A。820A 是高通面向汽车行业推出的第二代车规级 SOC，其单价高昂，硬件集成的成本高，而且 820A 芯片的复杂度也对传统一级供应商提出更大挑战！

无论是从摩尔定律，还是从长远的产品趋势来看，一机推多屏必然会是市场的主流。整车制造商越来越清楚地看到这个趋势，所以在谈未来智能驾驶舱产品时，更为关注未来 SOC 的产品路线图。由于智能驾驶舱产品的复杂性，产品项目的研发费用突破千万级，车厂、一级供应商对于 SOC 厂家的选择，越来越谨慎，市场上中小器件厂商的生存空间被进一步打压。

（二）AR – HUD 技术

相对于前两年热门的 HUD，2018 年最火的关键词之一是 AR – HUD，即增强现实型抬头显示系统。AR – HUD 的优点在于，将导航路线选择投射在前挡风玻璃上，并可精确到车道级，用户体验大大提升。各种初创公司、大公司的 AR – HUD 产品介绍和演示样件充斥各大论坛、展会和媒体见面会。整车厂也纷纷将该品类的产品需求纳入智能驾驶舱的报价单中，即便没有实际可量产的产品，但需要预留相关接口的功能定义。

AR – HUD 产品一直没有真正地进入量产，主要是因为以下技术难题难以攻克。

1. 物理空间上的限制

相对于普通的 HUD，AR – HUD 增加了一套投影系统，这使产品的体积大幅增大。2018 年面世的大部分 AR – HUD 的安装款需要 9 升，个别方案商能够做到 7 升。然而汽车驾驶舱和发动机舱的零部件和线束较多，即便是 7 升的安装空间预留也是件非常困难的事情，另外 2 套投影系统在同时工作时产生的发热量也是很可怕的。因此，车厂即便下决心预留出 7 ~ 9 升的空间，但基于目前 5000 元以上的单价，也只有顶配车型选装整套产品的可能性较大。

2. ADAS 级别的导航需求

除了投影系统的复杂性，导航也需要额外投入。目前整车上配备

的导航，经常会将本车的定位漂移到对面车道上，也无法分辨本车是在主道上还是在辅道上，导航的精度不足以支持 AR – HUD 清楚显示车道的要求。"高精度地图与定位"是支持自动驾驶技术落地的必要条件，而这个级别的地图精度又大大高过 AR – HUD 的需求，如果选择从上向下兼容，会大大提高系统的硬件负荷。AR – HUD 系统的复杂程度绝不是当前导航，甚或智能驾驶舱产品的复杂程度能够比拟的。AR – HUD 所需要的地图精度，是介于当前导航地图和自动驾驶高精地图的一个状态，虽然有图商可以提供，但整车使用场景单一，成本居高不下。

以上两个难题在 2018 年均没有实现实质性的突破，导致新上市车型虽有 HUD 配置，但均是传统的宽视角 HUD，而不是 AR – HUD。

（三）多操作系统技术

2013 年，保时捷卡宴驾驶舱采用了同构式操作系统支持一机推多屏的方案，这属于第一代多操作系统（Hypervisor）解决方案。目前的多操作系统方案属于第二代解决方案，异构式操作系统，可以同时支持至少两个的操作系统。

多操作系统技术是多机联网时应对不同 PC 操作系统的适应性技术，这项技术在整车上的应用是因为没有针对汽车电子开发的专用操作系统。最初的汽车内电子控制模块是分布式的，相互之间通过总线传输一些简单的信号信息。随着域控制器、软硬分离等技术的出现，车内不同功能模块、软硬件之间的交互与沟通成了一个刚性问题。在智能驾驶舱系统中，全液晶仪表的功能安全等级要求是 ISO 26262 ASIL B，中控娱乐信息系统的功能安全等级是 ISO 26262 ASIL A，而高级辅助驾驶系统的安全等级要求为 ISO 26262 ASIL D。既要满足整车功能安全的要求，又需要整车拥抱互联网，接纳开源系统下的互联网资源，这就需要多操作系统在车内的应用。

　　目前，汽车行业底层操作系统供应商主要有 3 家：BlackBerry QNX，微软的 Windows CE 和免费开源系统 Linux。诞生于 1980 年的 QNX 系统是由加拿大 Quantum Software Systems 公司开发的分布式实时操作系统，它采用了独特的微内核结构，有着实时、稳定、可靠的优点，且运行速度相较 Linux 等大型操作系统来说要更快，是业界公认的 X86 平台上最好的嵌入式实时操作系统之一。全球有超过 1.2 亿辆汽车采用 BlackBerry QNX 的技术，全球前十家 OEM 厂商中有九家已成为 BlackBerry QNX 的客户，像常见的通用 MyLink 系统、FCA 的 Uconnect 系统、现代 BlueLink 系统的底层系统都是基于 BlackBerry QNX。我国国内大部分整车制造商也要求使用 BlackBerry QNX 加上谷歌的安卓系统，将安全等级在 ASILB 的功能跑在 QNX 的操作系统里，将互联网资源运行在安卓系统内。Linux 作为免费开源系统，可以满足众多个性化的定制需求，但在汽车行业，一个系统最为重要的特性并不是功能和个性，而是安全和稳定。要想把 Linux 变得更安全，需要把管理权限、控制权限进行集中，这样一来系统则会变得更加复杂，内存需求更大。Linux 系统的应用集中在部分整车厂的高级辅助驾驶系统。微软的 Windows CE 是一个抢先式多任务并具有强大通信能力的 32 位的嵌入式操作系统，良好的图形用户界面提供基本的绘图引擎、窗口管理、界面的事件机制等。将 Window CE 操作系统嵌入车载电脑系统中，使系统中人机界面实现简单，而且直观，方便驾驶员与汽车之间进行信息的交互。

　　作为运行多操作系统的算力支持，SOC 等芯片的性能要求较高，目前高通 820A、瑞萨的 R - Car H3 系列的芯片算力都可支持。国内除了传统一级供应商的支持外，武汉光廷与中科创达、诚迈科技等设计公司也可以支持从平台到多操作系统的方案开发。从 2018 年整车厂启动的驾驶舱级产品项目来看，多操作系统已成为需求中的必须选项。未来，面向汽车电子操作系统的 AGL（车规级 Linux）、Android

汽车工业蓝皮书

Automotive，会联合整车厂和一级供应商逐步进入车内，并有望用一套系统满足软件管理硬件的需求。

（四）智能驾驶舱方案

纵观最近的车展和 CES 展会，不难发现，智能驾驶舱比无人驾驶更热闹，主机厂、零部件供应商、半导体厂家都推出了智能驾驶舱方案或新技术。

大众途锐的数字化驾驶舱 Innovision Cockpit。新途锐的通信和娱乐系统操作几乎不需要任何传统按键或开关，是在三大块显示屏上完成的，即 15 英寸曲面显示屏的 Discover Premium 信息娱乐系统、12 英寸的可自定义式全液晶仪表和 217mm × 88mm 的 HUD 抬头显示。相比传统车载互联系统，数字化驾驶舱 Innovision Cockpit 拥有更广泛的功能拓展能力、更全面与快捷的信息交互能力、更安全与便捷的人机交互逻辑。

图 4　新途锐数字化驾驶舱

佛吉亚的未来座舱搭载了通用型架构和智能系统，可以为不同的驾驶模式提供安全、舒适、个性化的用户体验。技术亮点包括如下几

156

个。①座舱智能化平台（CIP），佛吉亚与埃森哲合作开发，可以实现车内电子系统、智能界面、显示器和人机交互系统无缝整合的电子系统。依托人工智能技术，CIP 能够不断学习，通过嵌入仪表板中的摄像头和遍布在座舱中的传感器来收集分析如语音指令、手势和触控等的信息。②多样化座椅骨架结构（AVS），由佛吉亚与采埃孚携手共创，可为前后排座椅的所有位置提供安全保障，满足驾乘者在新使用场景下的需求，例如，在座舱内聚会、工作、放松、睡眠。③声控式座舱，应用派诺特汽车的多平台系统，可为驾驶员和乘客提供个性化的语音助手体验，以实现信息娱乐、导航及调整座椅模式等功能的声控管理，保证无缝连接与驾乘舒适性。④沉浸式声音体验，整合了创新智能声学表面技术和高级软件运算法则，无须和扬声器连接，即可为量产车型提供独特的沉浸式声音体验。

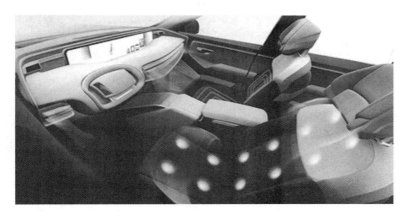

图 5　佛吉亚未来座舱

哈曼的智能座舱解决方案。哈曼新设智能驾驶舱平台有标准和高级两种配置，可把仪表盘和中控台通过语音、触觉反馈、实体旋钮和方向盘控制键集成在中央显示屏上，显示所有关键的车辆信息和特性。可以进行不同人机界面之间多模态的互动，定制设置 HAVC（采暖通风与空调）、媒体和用户。哈曼入门级智能座舱解决方案简化了车载显示布局，以直观连贯的方式呈现关键和辅助信息。这款集成了安卓 Cartridge 的哈曼高级智能座舱（Premium Digital Cockpit）和计算平台为其提供了端到端的一揽子解决方案，无缝集成车辆的仪表、信息娱乐系统和安全功能。哈曼的这一解决方案融合了清晰、生动的QLED 和 OLED 显示技术，具备驾驶员面部识别功能，支持增强现实功能的电子后视镜环视和情境导航，以及基于云平台储存、用于个性化体验的配置。此外，哈曼智能座舱方案可以和其开发的多种传感技术无缝配合，推动了更多配备高级驾驶辅助系统的车辆问世。

图6 哈曼高级智能座舱

三 国内外技术差距分析

1. 软硬件

国内外的整车制造商和一级供应商，在驾驶舱硬件部分的差距主要体现在对未来车型平台的产品路线图规划上，这种差距也在逐渐缩小。以下将以两个关键性的技术为例来描绘：一个是域控制器，另一个是软硬分离。

车载芯片 SOC 领域，无疑是国外技术占有绝对领先地位，从顶端的高通、英伟达、英特尔到中端的得州仪器、瑞萨、恩惠普，再到低端的 MTK，无不是欧美厂商的天下。中国大陆唯一具有品牌影响力的是全志芯片，但其主力市场为后装市场。在 SOC 领域，越来越多的整车制造商会直接和芯片厂商对话，来规划自己的驾驶舱产品路线图。国际上顶级的汽车电子供应商，也纷纷根据客户的路线图和自己的技术规划，来制定驾驶舱产品的路线图，比如伟世通电子的 Smart Core。这部分产品路线图的规划，不仅包含了对芯片算力的理解，还包含了对未来整车电器架构的理解，对整车厂的帮助与影响很大。而这个路线图的背后是伟世通本身多年的技术积累和与关键客户的关系积累。反观国内的汽车电子供应商，无论是从自身技术累积的角度，还是从与整车制造商战略合作的角度来看，均无法与国际厂商相提并论。国内汽车电子供应商大多只能被动地接受芯片厂商的规划，甚至是国外车厂的产品规划。

国外的汽车电子巨头，比如，电装、德尔福、伟世通、马瑞利、法雷奥等，产品线均非常丰富，这为域控制的集成打下了坚实的技术基础。无论是车身电子还是娱乐多媒体系统，比单一的产品供应商更有优势。国内的汽车电子供应商品类过于分散，能够同时拥有多条产品线的厂商凤毛麟角。特别是当产品的主芯片从 MCU 升级到 SOC 之后，很多国内的电子厂商缺乏积累，导致产品力剧烈下降。在过去的几年，汽车电子行业已经经历了一次产业淘汰，而域控制器概念的横空出世，会再次淘汰一批国内的汽车电子供应商，形成马太效应。在汽车电子中较早接触 SOC 的娱乐多媒体供应商或将抢得先机，率先从驾驶舱传统汽车电子中脱颖而出。德赛西威、华阳、深圳航盛等企业，也借助这股东风，将产品线拓展到仪表等需要 SOC 支持的驾驶舱产品线。

另外，国内还有部分从软件设计延展到汽车电子的供应商，比如，东软、科大讯飞、博泰等。这部分供应商普遍是从配合一级供应商发展成为一级供应商，软件能力较强但硬件能力偏弱，在整个行业的软硬分离背景下，或许更容易找到自己的市场价值与定位。相对于国外同行业，国内偏软的一级供应商较少，这就导致国内在应对汽车产品的软硬分离挑战时，实力偏弱。国外的软件供应商通常与整车厂有较为紧密的关系与战略合作。而在国内，单独的软件供应商很难成为一级供应商，产品销售若没有硬件做载体也会很尴尬。

从供应商资源的维度来看，国内外的软硬分离差距较大。早在控制器基于嵌入式系统的年代，国外的汽车行业就开始出现软硬分离的趋势，有专门的软件公司负责嵌入式软件的开发，甚至很多强势的车厂通过指定供应商、选用关键 MCU 来实现软件应用的开发。而国内汽车行业一直不太重视软件这种基于服务性质产品的价值，加之国内软件行业直到互联网模式更新到 Web2.0 时代才有所改观，导致国内软件发展不利。在过去的十多年里，汽车行业的软件一直是硬件的附属品。例如，在汽车电子的报价单中，很难单独体现软件的价值。物料清单中包含电子料、机械料，但没有软件"料"。软件的价值更多的是和机械工程师、电子工程师、测试工程师一起体现。在国内软件发展的大环境下，单独成立基于汽车电子行业的软件公司是件非常有风险的事情。即便是科大讯飞、东软等公司，也是在其他行业取得了成功并站稳脚跟后，逐步将业务拓展到汽车行业的。

汽车行业 Web2.0 的来临给国内供应商带来了新的希望，但需面临的现实问题是车机的用户量太小和产品无法盈利。据公安部统计，2018 年全国新注册登记机动车 3172 万辆，汽车保有量约为 2.4 亿辆。相比于手机的保有量和产品迭代周期，汽车用智能驾驶舱的产品发展任重道远。2018 年，上汽集团郝飞出任斑马智行公司总经理时宣称斑马系统装车量已逾 60 万台，即便考虑后装市场上的安卓导航，使用互联网资源的车型保有量不会超过 800 万台。而且斑马系统并非免费的，整车授权费约为每台 400 元。对互联网企业而言，车机 Web2.0 时代还远没有来临，行业的发展依旧需要大量的 Web1.0 的软件公司，为国内大小车厂提供软件服务，支撑未来的软硬件分离趋势。

2. 显示屏

随着智能手机行业的蓬勃发展，国内的显示屏技术逐渐成为全球市场上的新生力量，而国际上的传统势力却在走下坡路，如夏普和东芝分别出售了显示屏业务，目前能在显示屏行业与中国大陆一较高下的只有中国台湾和韩国。2016 年，韩国显示屏巨头三星和 LG 调转产品策略，将全部精力集中在 OLED 显示屏上，逐步关停传统液晶显示屏生产线。而这些生产线设备后来又逐渐流入国内市场，拉低了行业的入行门槛。这一大趋势使显示屏在国内汽车行业的普及上大为受益，车载显示屏的价格得以降低，品质得以提升。

早期国外品牌推出第一代液晶仪表时，散热对显示屏影响巨大，为了保证显示屏处在合适的温度范围内，产品背后需要加装主动降温系统。而现在随着显示屏参数指标的提升，显示屏背后只要设计好散热面积足够的被动器件就可以保证产品的正常使用。这也使行业更容易和愿意采用液晶屏显示。以车载仪表为例，国外很多品牌在其新车型规划上，高配选择 12.3 寸 TFT 仪表（FPC），低配 3.5 寸 TFT + 两物理表针的方案；而国内品牌低配起步就是 7 寸 TFT + 物理表针，甚至就只用 7 寸 TFT，不用规划物理表针了。2016 年德国奔驰 E 级轿车投向市场，消费者和行业无不为其双 12.3 寸屏的驾驶舱产品所折服，成为行业的一个新标杆。之后国内很多车厂将双 12.3 寸屏作为其高端车型的高端配置，这一配置在 2018 年纷纷涌现在市场的量产产品上。

我国汽车行业中采用触摸屏的车型配装从 2017 年的 45% 上升到

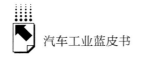
2018 年的 60%；而这一趋势会在未来的几年继续加剧增长。一方面，接受并喜欢车内大屏的用户越来越多，另一方面，因为国内的产业链很发达，相较于国外的显示屏成本低很多。在市场和车厂需求的巨大拉动下，国内显示屏的技术基本与国际同步，甚至在部分领域更加突出，如 LTPS、In－cell、Local Dimmer 等技术的产品展示样件已经摆在 2018 年整车厂的桌面上，按照国内整车开发速度，2019 年底有望量产。

3. 人机交互

当汽车行业从功能时代逐步转向智能时代时，"以人为本"也逐渐从口号转向真实。当各种可以触摸的显示屏填满驾驶舱的中控台台时，如何以人为本或为一个需要认真考虑的技术专题。

"人机交互"（Human Computer Interaction，HCI）技术是随着 PC 产品的发展而发展的，最著名的一个里程碑便是操作系统从 DOS 升级为 Windows 系统，将交互界面从命令交互系统变更为图形操作系统。在智能手机时代，人机交互设计将手机操作变得简单化和大众化。而在汽车行业，大多数产品还处在"人机界面"（Human Machine Interface，HMI）设计的阶段。HMI 的设计背景是以硬交互为前提的，举个简单的例子：车内控制器在采用硬交互（即交互方式为物理按钮、旋钮、拨杆、踏板等方式）时，功能和硬交互的通道是一一对应的。硬交互的优点是准确和效率高，缺点是可扩展能力很差，产品"出厂即巅峰"，基于车内仪表台的空间，按照硬交互方式的功能拓展会变得越来越难。时至今日，整车厂都意识到硬交互已经走到了尽头。面对近乎无限的互联网资源，软交互才是真正的解决之道。

然而，软交互的触摸屏并不意味着降低了用户的知识负担和学习难度。"车机导航不如手机导航好用"是消费者抱怨最多的问题，这也令无数汽车电子行业从业者感到伤心。为什么"不好用"，问题不是出在硬件的参数性能上，而是出在用旧的方法论（人机界面设计）来解决新的问题上。以往的工程思维是：努力完成功能实现，这是首要任务；所以产品的使用逻辑是按照工程师的思维逻辑，而不是按照普通消费者的思维逻辑来设计的。另外，比如车内仪表的报警标识，说明书中列举的 64 个报警标识需要用户背诵吗？如果不背诵的话，出现时用户一定会一脸茫然。行业唯一能做的是制定国家标准、行业标准来统一标识，降低客户的学习成本。

相对于传统的方法论，人机交互理论提倡要有专门的用户研究、用户体验师、交互设计师，强调产品在设计之初就考虑到消费者在使用时可能遇到的问题，选择用户最熟悉的行为方式来解决问题。根据人机交互理论的内容，产品的功能不应该来自产品平台所能实现的功能；而是应该来自目标客户在其使用场景下遇到的痛点，在解决用户痛点所需要的功能基础上，来选择产品平台。这对于以往工程思维无疑是一场颠覆！例如，以往汽车产品细分为乘用车、商用车；乘用车又可以细分成轿车、SUV 和 MPV，这就是按照车能实现的功能分类，而非以客户使用的场景分类。传统汽车行业并没有应用此理论，而新势力造车在驾驶舱的交互设计上应用了此理论。2018 年北京车展上对奔驰 S 级和蔚来 ES8 的驾驶舱 UI 设计对比可发现，奔驰的 UI 设计仍是拟物化的设计思路，追求光影变化和 3D 效果，而蔚来的 UI 设计是典型扁平化的设计思路，追求简洁高效。小鹏 G3、天际 EM－7、车和家理想 One 无不采用扁平化的设计理念，将以用户为中心的人机交互理念体现出来。让消费者找到了使用智能手机的感觉。

相对于智能手机，驾驶舱里的交互设计会更为复杂，使用场景也各不相同。目前，驾驶舱交互设计是一项非常重要的但还很不成熟的技术。很多国内知名大学都在进一步研究车内交互的理论，国内很多主机厂已经开始重视整车交互设计的工作，成立了专门的科室或者寻找第三方资源来合作。随着车内大屏 TFT 占据整个驾驶

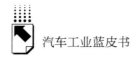

舱，舱内设计通过物理造型的改变来营造品牌特性的路会越来越窄，就如同硬交互的按键旋钮一般，只会越来越少。未来能够体现品牌调性的会是 TFT 屏里的交互设计，不同的交互理念，会产生不同的解决方案。

从技术发展的角度来说，语音、手势、触摸等多模态的手段可以完成一个任务的交互，而交互设计要研究的是什么手段在特定场景下才是最优的。举个例子，在车内开关玻璃窗，是可以通过语音完成的，但是升降多少就需要多次语音确认，这反倒影响了交互体验，在这个层面上，语音交互并不适用。另外，采用 ToF（Time of Flight）传感器所能达到的精度，可以实现很多种手势，甚至是手势组合；但过多的手势定义，实际上会大大增加用户的学习使用成本，这时好的交互设计恰恰是克制地选用技术手段，而不是滥用技术手段。因为机器的运算速度配合现有的传感器技术已经远远超过人类本身的感知决策速度，如何降低机器带给人类的信息量和速度，以保证人类能够接受，成为未来的交互设计研究方向。当 5G 时代、L3 自动驾驶、V2X 技术得以应用时，驾驶舱承担的更多的是车与外界的交互界面，而不只是当前人和车的交互界面，交互技术的应用范围也会从车内车与人，拓展到车与车、车与交通管理、车与城市管理的范畴。

4. 车联网

国内的智能车联网概念备受关注，不少汽车厂家在车展上展出自己的车联网系统，IT 和电信企业也纷纷涉足该领域，各种智能汽车的样车也前赴后继地上镜亮相。相对而言，国际汽车技术巨头及工程师们对智能车联网发展的认识却更为谨慎和冷静，在 SAE 汽车技术年会上探讨的焦点是智能车联网所面临的各种严峻问题，更关心的是如何解决车与车及车与系统的连接，如何提高汽车的安全性，如何降低能耗等。

国内外对待智能车联网趋势形成鲜明对照的原因在于：首先，国内互联网市场竞争激烈，智能汽车无疑是最有想象空间的品类；其次，国内的很多造车新势力本身就是互联网企业成功创业者再次转型，比如，小鹏汽车的何小鹏、理想制造的李想等；最后，国内新能源汽车的快速发展带动车联网的发展，国外市场更多的是从节能环保的政策导线来引导市场需求，即便是欧洲很多国家已经出台了内燃机汽车上市的最后日期，但汽车行业并没有出现新生力量，所以欧洲的车企还是在按照自己的节奏，有条不紊地推进自己的新能源车计划。在北美市场，特斯拉无疑是最耀眼的造车新势力，所以特斯拉的驾驶舱也是史无前例的夸张，2018 年 Model 3 上市，再次颠覆大家对驾驶舱的看法。而特斯拉不断通过 OTA 升级来提升汽车性能、增加自动驾驶功能的做法，更是让广大消费者看到了智能汽车未来的工作方式："出厂不再是巅峰，后面会不断迭代升级。"因此特斯拉是国内众多造车新势力眼中的标杆！它们的理念接近，做法相似。而国内传统车商的标杆仍然是欧洲的奔驰、宝马和奥迪。日本市场相对保守，既没有特斯拉这样的新势力，也没有完全认可纯电动车的产品方向，所以驾驶舱的设计并没有出现特别大的变化，甚至车联网也乏善可陈。

四　问题和建议

1. 整车厂商与营运商之间缺乏成功且有效的商业运营模式

随着智能驾驶舱理念的提出，车联网业务逐步进入整车制造的价值链中。相较于过去，车联网业务除了需要加入前期产品设计开发的工作之外，还需要负责整车销售之后的运营工作。因售后运营的部分工作和用户使用数据强相关，很多整车厂并不乐意将此项工作完全交出，而是成立专门的车联网业务部门，对任务加工处理后或数据脱敏

后再发给车联网供应商。这种合作方式有利于保护用户数据，但整车厂投入的人力、物力、财力较大，只有实力较强的整车厂才能支撑。就目前车联网业务的运行情况来看，还未真正找到盈利模式，属于典型的"赔本赚吆喝"阶段。

供应商和整车厂商积极整合内部资源，调整组织架构，适应未来的产品规划与开发模式。早在 2017 年，德尔福将其内部动力总成业务部门剥离，成立专注于汽车电子与自动驾驶的安波福公司。2018年 7 月，德国大陆集团决定将在全新的"大陆集团"主品牌下创建控股结构，并由三个业务领域支持，汇报结构和新名称将从 2020 年起开始使用。这一控股结构的改变和到 2019 年初将动力总成独立成为一个拥有新公司名称和新管理层的独立法人实体需要大陆集团监事会批准，部分 IPO 预计将于 2019 年中发行。

除了内部整合，随着产品复杂度的提高，Tier1 和整车制造商都在外部寻找联盟，甚至是以整合对手的方式来降低研发投入，增强本身能力。2018 年受业内关注的案例来自弗吉亚整合日本歌乐、法国 Parrot、中国好帮手汽车电子公司，一跃从车身内饰件供应商变成汽车电子供应商，日本康奈可吞下意大利的马瑞利公司。

从电子电气供应商与整车厂的内部整合就可以看出：未来的合作模式会发生较大的变化，利润分配也会重新调整。特别是基于后端还无法挣钱的车联网业务，业内还是要老老实实地回到互联网定义的 Web1.0 时代。这个问题对于国内品牌的车联网供应商尤为严重。所以未来 3~5 年至关重要，从 Tier1 到 Tier 0.5 再到整车制造商的分工定位会被重新定义；而影响这个定义的重要力量来自互联网和整车制造商。比较好的模式是车联网供应商找到了自己的盈利模式，无论是 2B 还是 2C；但最好不要靠整车厂付费。这样便于行业尽快进入 Web2.0 时代，智能驾驶舱的蓝海就会快速打开，强力助推国内的汽车市场走出低谷，重新进入上升周期。

2. 交互设计因终端不同存在较大差异

国内智能驾驶舱行业正在经历一个史无前例的机会：车内驾驶舱的交互设计。"史无前例"的原因在于之前车内所用到的技术基本上都是由欧美日汽车行业引领的，技术受主观因素影响小且产品可直接转移到国内市场，例如，总线技术、开发流程、功能安全等。而交互设计技术是面向最终用户的，由于不同市场的最终用户差异很大，即使同样的技术背景应用在不同市场上时，最终产生的交互设计也会大相径庭。同一个品牌的交互设计要基于不同市场的消费者习惯与偏好进行重新设计，否则有可能收到目标市场消费者的反弹。

目前行业内也经常举办关于智能驾驶舱交互设计的论坛、峰会等，但都以大学院校、车厂的前期研究部门为主；涉猎的内容不深。期望未来行业能有组织、有目标地将国内的设计资源统筹起来，真正将学术研究应用到产品项目中，形成国内的标准或行业规范。在这项技术上，我们自然而然地与欧美日市场同时起步，并没有什么差距；甚至得益于国内移动互联网的蓬勃发展，我们的设计资源会优于欧洲、日本。

3. 芯片危机

2018 年中美贸易冲突不断，芯片安全将来有可能威胁到汽车行业。如前文所提到的，在车载 SOC 领域，高通、英伟达、英特尔、得州仪器甚至是欧洲的恩惠浦（SOC 技术主要来自美国飞思卡尔）均可能被美国政府找理由给中国市场断供。可以设想，贸易摩擦升级后，完全依赖进口的汽车芯片将是中国汽车产业身边的一个定时炸弹。

发展芯片产业需要政府系统性地引导和扶持，尤其在芯片研发制造上要靠国家更多的支持。芯片需要自主创新，但企业的投资风险太大，自主芯片产业破局绝非一家公司能够承担，需要国家大力支持，产业链上下游配合，多家公司分工协同。建议国内企业通过创新的方

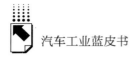
式来实现弯道超车，这里的创新不仅是技术创新，也包括方式创新、模式创新。国内系统应用厂商应该尝试和国内芯片企业合作。此外，资本方应成为芯片企业和应用企业的一个桥梁，能够推动双方的合作，让新型应用市场成为 IC 企业发展的推动力。最终创建资本、芯片和应用企业三方合作的可持续发展模式。

B.8
离合器子行业发展

摘　要： 在自动化、电动化、智能化日益凸显的趋势下，我国的汽车工业正在经历第三次造车浪潮，这一浪潮不仅席卷中国汽车产业，作为汽车传动系统核心零部件的离合器行业也面临着严峻的挑战。目前离合器行业企业均以手动挡（MT）干式离合器产品为主，但是相关数据表明，乘用车手动挡配套数量正以每年同比降低10%的速度快速下降（2018年度中汽协产销数据统计，乘用车手动挡比例同比下降11%，产销总数下降46%），商用车方面，目前尽管手动挡比例高达92%，但电动化快速影响下会使手动比例快速下降，离合器行业再次站在新的历史起点上，进入新一轮发展期。本文结合汽车工业发展趋势以及国内离合器相关企业的发展路径，深入剖析离合器行业的发展现状与趋势，详细阐述离合器行业中新技术、新产品的研发情况及市场布局等，总结行业发展中存在的问题，并给出相关建议。

关键词： 离合器　转型升级　自主创新

一　行业发展概况

离合器行业随着中国汽车工业的发展取得了长足的进步。中国汽

车离合器制造起源于 20 世纪 30 年代，当时在仅有的几家小作坊式汽车修配厂里制造离合器零件。到 50 年代中期，一汽、南汽、上汽、二汽等相继成立，离合器在车企的专业化生产工段、车间或工厂批量生产，标志着真正意义上离合器制造的开始。到 70 年代，中国离合器研究、教育、设计、制造的专业队伍初步形成。此后，由于汽车产量和保有量的逐年增加，国内多地建立了离合器专业制造厂，离合器行业初具规模。改革开放以后，围绕"六车一机"国产化，国家重点支持一汽东光离合器厂、上海离合器厂、南汽离合器厂、黄石离合器厂分别从英国 AP 公司、德国 F·S 公司、美国 BW 公司、法国法雷奥公司引进具有当代水平的膜片弹簧离合器产品及制造技术，带动了离合器行业的快速发展。国内通过产、学、研相结合，实现了螺旋弹簧离合器向膜片弹簧离合器的换代，行业的规模和水平都获得了提高。

随着改革开放深入以及中国汽车工业的快速发展，离合器行业的格局发生了较大变化。跨国集团进入国内，率先与国营离合器企业合资（如上海离合器厂与 SACHS 合资成立的上海萨克斯动力总成部件系统有限公司、南京离合器厂与 VLAEO 合资成立的南京 VLAEO 离合器厂），各地民营离合器开始快速崛起。同时，商用车离合器市场、乘用车离合器市场格局发生变化：外资、合资以及新兴民营企业以乘用车市场为主，一汽、黄石等依托整车厂，国营离合器厂逐步转为以商用车市场为主。

根据行业统计信息，年产能 200 万套以上企业主要有浙江铁流离合器股份有限公司、珠海华粤传动科技有限公司、上海萨克斯动力总成部件系统有限公司等；销售额 3 亿元以上的企业有长春一东离合器股份有限公司、浙江铁流离合器股份有限公司、福达控股集团有限公司、珠海华粤传动科技有限公司、湖北三环离合器有限公司、上海萨克斯动力总成部件系统有限公司、宁波宏协股份有限公司等；销售额超过亿元的企业共有11家。从区位分布来看，东北地区以长春一东为代表，华北地区以荣城黄海、山西晋南、济南桥箱为代表，华东地区以上海SACHS、杭州西湖为代表，华南地区以珠海华粤、桂林福达为代表，华中地区以三环为代表，西南地区以重庆EXEDY、长安离合器为代表，西北地区尚处于空白，河间、玉环小企业群体也具有了一定规模。

近年来，汽车自动化、电动化、智能化的快速推进，给汽车产业带来了新的技术变革浪潮，同时也使离合器行业及企业面临着新的商机和挑战。

自动化趋势，自动变速箱有操作方便、驾驶舒适性高等优点，受到越来越多消费者的青睐。近八年来，国内自动挡变速箱占比快速提升，以乘用车为例，2016年自动变速器装车率突破60%，2017年增长至68%，2018年1~5月，AT（液力自动变速器）的市场份额达到33%，DCT（双离合自动变速器）达到20%，CVT（无级自动变速器）达到16%。

电动化趋势，一方面，新能源汽车发展迅速。根据中汽协数据，2018年新能源汽车销售124.6万辆，同比增长61%。另一方面，混合动力协同发展，主要代表性技术路线有基于ECVT的P2（如丰田THS、科力远CHS）、基于DCT的P2（大众DQ400E），此外还有EDU结构的P2（如上汽荣威）等。离合器行业发展需要顺应趋势，企业需要积极寻求转型升级。

智能化趋势，当前，智能化是汽车技术发展的重要方向，并与新能源共同组成中国汽车产业未来发展的两大战略机遇。智能汽车作为核心产品，已经成为汽车产业智能化发展的重要内容。根据智能网联汽车技术路线图预测，2020年、2025年、2030年，中国汽车新车总产销分别为3000万辆、3500万辆、3800万辆。其中，2020年，DA（驾驶辅助）/PA（部分自动驾驶）/CA（有条件自动驾驶）新车占

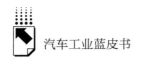

比超过50%；2025年，DA/PA/CA新车占比80%，HA（高度自动驾驶）/FA（完全自动驾驶）开始进入市场；2030年，DA/PA/CA新车占比100%，HA/FA新车占比10%。

综上所述，面对新的时代、新的环境、新的挑战，离合器企业需要适应潮流，拥抱变化，积极开拓自身视野，主动谋求出路，通过技术储备、投入资源、提升研发等方式跨过新技术的门槛，实现核心技术的突破，努力开发新技术、新产品，向高新技术逐步迈进，进而实现企业的转型发展。

二 离合器产品技术发展

（一）离合器概述

离合器安装在发动机与变速器之间，是汽车传动系中直接与发动机相联系的总成件。通常离合器与发动机曲轴的飞轮组安装在一起，是发动机与汽车传动系之间切断和传递动力的部件。常见的离合器和变速箱使用情况如表1所示。

表1　常见的离合器和变速箱使用

		MT	AMT	AT	DCT	CVT
干式离合器	单	√	√			
	双				√	
湿式离合器	单			√		√
	双				√	

注：AT、CVT中的湿式离合器未包括液力变扭器类的锁止离合器。

离合器种类繁多，根据工作性质可分为如下几类。①操纵式离合器。其操纵方法有机械的、电磁的、气动的和液力的等，如嵌入离合器（通过牙、齿或键的嵌合传递扭矩）、摩擦离合器（利用摩擦力传递扭矩）、空气柔性离合器（用压缩空气胎胀缩以操纵摩擦件接合或分离的离合器）、电磁转差离合器（用激磁电流产生磁力来传递扭矩）、磁粉离合器（用激磁线圈使磁粉磁化，形成磁粉链以传递扭矩）。②自动式离合器。用简单的机械方法自动完成接合或分开动作，又分为安全离合器（当传递扭矩达到一定值时传动轴能自动分离，从而防止过载，避免机器中重要零件损坏）、离心离合器（当主动轴的转速达到一定值时，由于离心力的作用能使传动轴间自行连接或超过某一转速后能自行分离）、定向离合器（又叫超越离合器，利用棘轮－棘爪的啮合或滚柱、楔块的楔紧作用单向传递运动或扭矩，当主动轴反转或转速低于从动轴时，离合器就自动分开）。

（二）技术发展趋势

1. 从功能性往舒适性方向发展

汽车干式离合器位于发动机和变速箱之间的飞轮壳内，用螺钉将离合器总成固定在飞轮的后平面上，离合器的输出轴就是变速箱的输入轴。在汽车行驶过程中，驾驶员可根据需要踩下或松开离合器踏板，使发动机与变速箱暂时分离和逐渐接合，以切断或传递发动机向变速器输入的动力。干式离合器注重的是保证汽车平稳起步、便于换挡、防止传动系统过载、降低扭振冲击等功能性的实现。

随着国内汽车的普及以及消费者群体的扩大，消费者对于车辆舒适性也提出了更高的要求，而噪声、振动与声振粗糙度（Noise、Vibration、Harshness，NVH）则是对乘坐舒适度和用车品质的重要指标，所以整车厂开始对汽车NVH越来越重视。车辆的NVH问题也是国际汽车业各大整车制造企业和零部件企业关注的问题之一，有统计资料显示，各大公司有近20%的研发费用消耗在解决车辆的NVH问题上。由于汽车NVH相对复杂，所以整车厂往往会将传动系NVH交

给离合器企业来解决，所以对于离合器企业来说，重要的任务是合理设计扭转减振装置。

汽车扭转振动问题有两种解决方法，一种方法是合理设计离合器从动盘的扭转减振器，如按长弧形弹簧大转角设计的扭矩减振器、CPA 钟摆、多级阻尼的自调整离合器等；另一种方法以 DMF（双质量飞轮）代替离合器从动盘总成扭转减振器，DMF 有许多优点并在柴油车辆中得到广泛应用，但是这要求在离合器企业在研发阶段时，将设计时选取、确定的各种性能、参数作为输入，然后进行仿真、验证、测试及优化的正向开发能力以及配合整车厂做 NVH 匹配的能力。

2. 模块化发展

在国外，汽车离合器往往与变速器等传动部件配套生产，并作为动力总成部件或者传动系统部件提供给整车生产企业。例如，德国舍弗勒、德国采埃孚、法国法雷奥等公司能够生产包括离合器、离合器执行机构以及配套的轴承、双质量飞轮等在内的多种传动部件，向客户进行模块化供货并提供系统服务。

在国内，汽车离合器制造企业仅生产离合器盖总成和离合器从动盘总成，未能将汽车离合器纳入整车传动系统开发。近年来，国内主要汽车离合器生产企业开始涉足传动系统的产品研发和模块化供货，一方面，通过传动系统部件开发实现产品多元化及模块化供货；另一方面，通过与主机厂的合作实现系统化同步研发。随着车辆技术的进步和汽车行驶速度的提高，对离合器技术的要求也越来越高。伴随着自动控制技术的日臻成熟完善，离合器的控制方式也将快速发展。目前在汽车离合器模块化包括双质量飞轮减振器、液压同心分离轴承、离合器总成、离合器执行机构及控制，结合混合动力与纯电动未来发展情景下，汽车离合器模块化产值将进一步扩大。

3. 湿式双离合器技术是发展的重点

乘用车自动变速器主要分为机械自动变速器（AMT）、液力自动变速器（AT）、无级自动变速器（CVT）和双离合自动变速器（DCT）等。目前国内乘用车搭载的自动变速器以外资或合资为主，如爱信、通用、采埃孚、现代的 AT；大众、格特拉克、本田的 DCT；加特可、邦奇的 CVT 等。近年来，国内自主企业通过不断努力，研发创新，终于打破了自动变速器被外资企业垄断的局面，实现了自动变速器的自主化，如盛瑞 8AT 和双林 6AT 已经具备大批量生产的能力，并且技术水平和成熟度逐渐接近国际一流水平；吉利和广汽与爱信合资建厂引进其 6AT 等。其中 AT 具有良好的动力性、换挡平顺性、舒适性和便利性，长期占据乘用车自动变速器市场的最大份额。但由于国内变速器企业对离合器关注度不够，大部分为外购，导致离合器的性能缺乏保障，及国内 CVT、AT 湿式离合器技术起步较晚，核心技术被国外垄断的情况出现。

近五年来，CVT 和 DCT 市场份额有所提升，中国品牌 DCT 相继投产并日趋成熟，后续将持续上量。随着 DCT 技术的广泛应用，双离合器的需求越来越大，WDC（湿式双离合器）将成为离合器行业发展的重点。但是国内企业还未完全掌握双离合器的核心技术，尤其是湿式双离合器技术。由于缺乏市场验证的机会，国内对双离合器技术的研究进程缓慢，结构设计、标定、仿真等核心技术掌握在 BW、格德拉克、VALEO、LUK 等国外大企业手上，湿式摩擦片核心技术也掌握在达耐时、博格华纳等国外企业手中。从 WDC 产品的前端开发到后端加工、制造、试验等相关技术都被外资企业所垄断，这严重制约了中国制造战略目标的达成。国内离合器企业若能加强研发，将湿式双离合器作为独立总成提供，将会为离合器行业开拓更大的市场。

4. 国内离合器测试研究逐步加强与整车匹配的能力

随着汽车工业的不断推进，离合器的试验已不局限于产品测试，而是需要转变方向，与整车厂接口，增强与整车企业的匹配能力。同

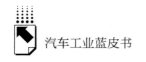

时，部分机构开始研发核心测试设备，如国内部分离合器企业已研发的双频电机等。国内离合器测试相关设备有以下几种。

（1）离合器综合性能试验台

汽车离合器综合性能试验台主要是针对 MT、AMT 和 DCT 离合器寿命和性能测试而开发的产品，包括驱动系统、加载系统、机械系统、操作系统、自动控制系统、软件系统等，主要测试离合器本体相关性能参数和耐久寿命。应用于离合器的转矩温升试验、温升特性试验、降温特性试验、分离结合特性试验、转矩位移试验、滑摩特性试验、结合压力试验、快速磨损试验等测试。

（2）汽车起步特性试验系统

汽车起步特性试验台用于测试和评价汽车起步过程中离合踏板舒适性、发动机输出特性、最大牵引力、极限踏板速率等起步性能和参数，从而达到对汽车动力系统控制参数和离合器设计参数验证和评价的目的。应用于汽车整车起步过程中的离合器结合特性测试和发动机离合器控制参数的匹配标定。

（3）离合器操纵系统特性试验台

离合器操纵系统特性试验台主要针对手动变速器离合器操纵系统性能测试而开发的产品，主要包括驱动系统、加载系统、机械系统、操作系统、自动控制系统、软件系统、离合器踏板机器人等，可以完成离合器操纵系统性能和耐久试验。应用于离合器操纵系统舒适性评价试验、传动效率试验、起步特性试验、结合分离特性试验等测试。

（4）离合器分离特性试验台

离合器分离特性试验台是针对汽车离合器分离轴承试验而设计的，试验台主要由机械部分、控制部分和软件部分组成。具有 CAN 通信扩展接口，方便实现 AMT 离合器分离特性试验。用于汽车离合器分离轴承疲劳寿命试验和性能试验、离合器分离特性试验等。

（5）离合器耐高速性能试验台

汽车离合器由压盘和从动盘总成组成，它们的高速旋转强度是评价汽车关键零件质量的重要指标。行业规范规定它们都应在加速度状态下进行高于工作转速的超速强度试验，以确定离合器的安全性和可靠性。

（三）与国外的主要差异

1. 基础研究与零部件技术需加强

中国汽车离合器企业虽掌握膜片弹簧离合器制造技术和工艺，但在技术水平方面仍然落后于国外先进汽车离合器企业，特别是与自动变速器相关的双离合器（特别是摩擦材料）、离合器执行机构、液压轴承等技术目前仍被国外企业所垄断，技术壁垒较高，中国较难进入外资离合器企业占领的前沿技术领域。离合器企业需要结合汽车工业发展趋势，坚持正向研发，加大研发投入，带动行业研究，打破国外垄断壁垒。

2. 生产技术自动化水平有待提高

国外大型汽车离合器企业生产技术自动化水平较高，生产效率高于国内同行，普遍采用优质原材料并利用高精度的加工和热处理设备生产，实现了产品线上全检，在大批量生产条件下能够保证产品高质量、高性能、高精度及一致性。目前，多数国内汽车离合器生产企业的生产技术及自动化水平仍较低，在劳动力成本上升的大背景下，将成为制约大部分汽车离合器生产企业快速发展的因素。

三 市场发展现状及趋势

汽车离合器市场波动不存在明显的季节性特征。在主机配套市场，汽车离合器的销售取决于汽车工业景气程度，会受到国民经济和

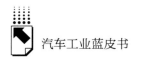

居民消费量变化的影响，随着经济周期呈现一定的波动。在售后服务市场，汽车离合器主要需求来自存量汽车保养维修，特别是对于商用车而言，汽车离合器属于高频更换零部件，不存在明显的周期性特征。

汽车离合器企业主要围绕着发动机及汽车整车企业分布，形成一定的产业集群，具有一定的区域性特征。国内主要汽车离合器生产厂家基本上都是在"七五""八五"期间通过引进国外技术和设备，消化吸收后发展起来的。目前，全国生产离合器的企业主要分布在东北、江浙、上海、广东等地。国内汽车离合器行业已经初步在东北、长三角、珠三角、华中和西南地区形成产业集群，中国成为世界汽车离合器的主要生产基地之一。

1. 汽车离合器市场发展空间较大

汽车零部件是汽车工业发展的基础，是汽车工业的重要组成部分。汽车零部件产业的发展依托于汽车整车的发展，反过来汽车零部件业的发展也会推动和促进汽车整车的发展。尽管过去的二十年，我国千人汽车拥有量增长迅速，但与其他发达经济体相比，我国汽车普及率仍然较低。据公安部统计，2018年全国机动车保有量达3.27亿辆，其中汽车2.4亿辆，平均每千人保有量仅为172辆。而美国2005年平均每千人保有量就达到了675辆，韩国2005年也达到319辆。不仅如此，我国汽车的千人保有量同样低于发展中国家。以2017年数据为例，巴西为210辆，墨西哥是288辆，泰国是235辆，马来西亚是410辆，土耳其是250辆，阿根廷是320辆。从千人汽车保有量上来看，我国汽车市场还有很大的发展空间，远未达到天花板。

根据使用对象分类，可将汽车离合器市场分为向汽车整车制造商供货的整车市场（OEM市场）和用于汽车零部件维修、改装的售后服务市场（AM市场）。其中，整车市场的新增产销量对应汽车离合器的增量，而汽车保有量则在一定程度上决定了汽车离合器的存量售后服务需求。因此，整车市场产销量及保有量决定了汽车离合器的市场需求量。在我国汽车销量和保有量稳步攀升的背景下，我国汽车离合器亦蕴藏着巨大的增长潜力。根据清华大学汽车产业研究院的研究预测：中国汽车保有量在2020年和2030年将分别为2.5亿~2.9亿辆和4.0亿~4.5亿辆，其中乘用车保有量增长速度相对较快，在2020年和2030年将分别为2.0亿~2.4亿辆和3.5亿~4.0亿辆，商用车保有量在2020年和2030年将分别为0.4亿~0.6亿辆和0.7亿~0.9亿辆，年复合增长率超过5%。

表2　中国汽车产量和保有量预测

单位：万辆

项目	2019年预测	2020年预测
中国汽车产量	2978.39	3127.31
其中:中国乘用车汽车产量	2557.85	2685.74
中国商用车汽车产量	420.54	441.57
中国汽车保有量	25100.02	27223.33
其中:中国乘用车汽车保有量	20223.73	22100.52
中国商用车汽车保有量	4876.29	5122.81

2. 自动挡汽车产销占比快速提升加速汽车离合器产业升级

随着汽车工业的发展，人们对车辆操纵的方便性和舒适性提出了越来越高的要求，自动变速器的应用也将日趋广泛。近年来，自动挡市场的增长超出我们的预期，为国内外离合器企业提供了更多的机遇与挑战，加速了离合器行业格局变动。统计数据显示，全球汽车市场自动变速箱渗透率自2013年首次超过手动变速箱以来，全球自动变速箱占比在逐年提升，有望在2025年提升至65%以上。分区域来看，北美、日本市场中绝大部分为自动变速箱，欧洲和中国自动变速箱渗透率相对还比较低，未来发展空间还很大。从我国热销车销售比

179

例来看，自动挡车型已经超过50%，并呈递增趋势，手动挡车比例下滑趋势已不可逆转。

　　未来随着国民收入水平的提升，对驾车舒适性要求的不断提高，本土车企纷纷推出更高级别的细分市场车型，自动变速器的需求也将逐渐增加，进而拉动对液力变扭器、扭矩减振器、湿式离合器（包括湿式双离合器）的需求，加速我国汽车离合器行业升级。

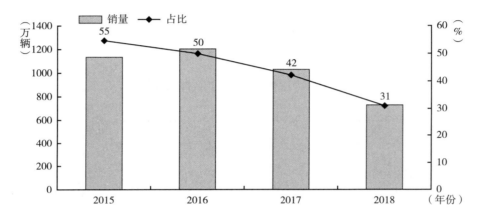

图1　2015～2018年手动挡乘用车销量及占比情况

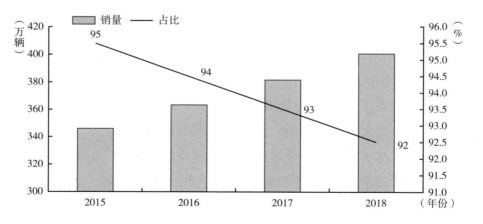

图2　2015～2018年手动挡商用车销量及占比情况

3. 有眼光和实力的国内离合器企业率先走上转型升级之路

面对汽车"新四化"对传统制造业的挑战，部分离合器企业开始改变思维，加大技术研发投入，学习新技术，开发新产品，建立新的试验标准，加快整合资源，调整布局，努力寻求转型发展之路。

2017年10月25日，长春一东离合器股份有限公司（简称"长春一东"）与卡玛斯对外贸易仓储有限责任公司（简称"卡玛斯贸易公司"）、吉林省绪成机械进出口有限责任公司（简称"吉林绪成"）签署《"YiDong Clutch RUS"有限责任公司设立合同》，拟共同设立"YiDong Clutch RUS"有限责任公司。三方在俄罗斯建立合资公司，能够就近为卡玛斯配套，节省运输费，降低成本。这是国内汽车离合器企业积极进行市场转型（从国内市场转向国际市场）的典型案例。

2018年8月4日，浙江铁流离合器股份有限公司（简称"铁流"）发布公告称，铁流收购德国Geiger Fertigungs technologie GmbH 100%股份完成资金结算。Geiger是一家高精密金属零部件制造厂商，拥有高端自动化生产线、模具开发中心和精密检测中心，具有领先的仿真模拟、精密检测、高精密金属成形和自动化生产技术，特别是在自动化技术开发和精密加工等方面有突出的竞争优势，长期服务于博世集团、康明斯、大陆集团、博泽集团和日立公司等客户，是博世集团喷油嘴系列产品的欧洲区域市场独家供应商。这次收购是铁流布局高端制造业和精密制造业的重要一步，将有助于铁流开拓高端汽车零部件市场，延伸产品线，增强供应能力。铁流将整合Geiger管理、技术和业务，积极引进高精密金属成形和自动化生产等先进技术，为开拓国内高精密金属零部件市场打下基础。

2018年8月底，珠海华粤传动科技有限公司（简称"珠海华粤"或"CNC"）以总分76分通过法国标致雪铁龙集团（简称"PSA"）质量、制造、技术和服务等方面的严格审核。"CNC在这个专项上的NVH（噪声、振动与声振粗糙度）仿真技术和全球三大知名零部件

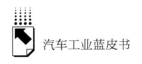
厂商并驾齐驱。"法国独立工程技术公司这样高度评价珠海华粤。标志着珠海华粤成为中国第一家进入欧洲汽车企业配套体系的双质量飞轮与离合器供应商。此外，CNC一直致力于产品的自主研发，打破了核心技术被国外企业垄断局面。如CNC新产品48V皮带轮减振器、混合动力限扭减振器、湿式双离合器等均已完成开发并具备量产条件。

四　产业价值链分析

与其他汽车零部件子行业一样，汽车离合器行业的上下游关联产业较多，其中上游行业主要是钢铁行业，下游行业主要为发动机及整车制造业和汽车维修保养行业。干式离合器涉及的行业包括钢材、干式摩擦材料、弹簧凤，湿式离合器涉及的行业包括钢材、湿式摩擦材料、橡胶、弹簧、轴承、润滑油等。

钢材是生产汽车离合器及其零部件的主要原材料，占生产成本比重较高，汽车离合器行业与钢铁行业关系紧密，行业利润水平受上游钢材价格波动影响较大。近年来，由于钢材价格波动较大，汽车离合器企业逐渐加强原材料价格控制，合理安排生产，降低采购价格波动给企业经营成本带来的影响。另外，汽车离合器的产品价格亦受到下游发动机及整车制造业零部件采购定价及维修保养市场价格竞争的影响。目前，一方面，整车制造企业通过降价促销保证市场份额，并依靠在零整关系中的强势地位将成本转嫁给汽车零部件企业；另一方面，在汽车售后服务市场，大部分汽车离合器企业通过低价抢占市场份额，加大了离合器企业面临的成本压力。价格压力促使汽车离合器企业必须加快产品质量、技术和研发水平以及品牌建设，并努力通过扩大市场规模提高市场竞争力、议价能力和话语权。相对而言，离合器行业内领先的企业通过与主机企业稳固的配套关系，和市场中良好的品牌价值，受到上下游行业的影响相对较低。

国内新车市场的繁荣，带动了未来几年内汽车保养维修需求的增长，促进了国内汽车后市场的快速崛起，汽车的维修保养、配件供应和汽车改装等服务产业也将得到迅猛发展。我国零部件产业在汽车工业中约占35%的比重，相比于国际60%～70%的比重水准仍然较低，表明其仍有较大的上升空间。根据相关统计，国外成熟汽车市场中，整车的销售利润约占整个汽车业利润的20%，零部件供应商约占20%，剩余60%的利润均在售后服务市场中产生。随着汽车维修保养市场的不断扩大，从其中分得一杯羹的零部件产业获利也必将随之增长。目前，国内汽车配件交易市场仍然是最主要的汽车零部件销售渠道，已形成规模的汽配城有上海东方汽配城、武汉万国汽配城、天津汽车配件城等。近年来，各大品牌汽车开始有意识地建立销售和售后服务站，不但展示品种齐全的汽车，还提供整车销售、配件供应、售后服务和信息咨询等一体化服务，成为汽车零部件销售的另一个主要渠道。与此同时，汽车改装也越来越受到消费者的关注和重视，个性化、时尚化需求将推动汽车改装业大发展。随着汽车配件交易市场和汽车改装市场的活跃，对于汽车零部件的需求会越来越大，售后服务市场作为公司离合器相关配件主要销售渠道之一，其需求量必然增加，从而带动离合器企业进入汽车后市场的快速发展阶段。

五　行业问题和建议

1. 加强技术攻关，建立健全行业技术创新体系

技术创新能力成为在竞争中取胜的关键。国际大型零部件企业已经参与到整车厂的同步开发设计中，根据整车需要供应系列化、模块化的配套产品。相对而言，国内离合器企业与整车企业的协同创新体系不够完善，离合器企业需要加快建立和完善适应转型升级要求的技术创新体系，积极开展与高等院校、科研院所技术合作交流活动。针

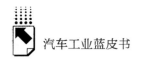
对离合器技术发展特点，企业需要加强技术研发投入，组织关键技术和共性技术难题的联合攻关，鼓励汽车离合器研发技术共享，加快实现科研成果的产业化转换。

另外，离合器企业需改善整零关系，构建新型整零研发模式。积极发挥整车的引领与带动效应，深化整零合作深度，推进协同合作，实现效益最大化。离合器企业要积极参与整车的早期产品开发，舍得研发投入，由二供转为一供，掌握供应商关系的主动权。

2. 形成模块化分级供应体系

为了降低生产成本，简化汽车制造工艺，节省装配时间，世界各大汽车公司开始要求零件厂成套、成系统供应，向装配模块化发展。模块化生产方式能较好适应汽车产品多样化、个性化和新车型快速上市的要求。整车厂为快速开发新车型，降低成本，满足环保、安全、通信等要求，研发投资负担日益加重，便将模块的设计制造分给零部件厂，实行全球采购，实行模块化快速高效装配，形成模块化供求体系。零部件全球采购、系统配套、模块供货已成为潮流。世界汽车生产企业为简化汽车制造工艺，节省装备时间，已开始要求零部件企业成套、成系统供应，向装配模块化发展。

整车厂日渐趋于模块化和系统化采购，供应商之间的协作更加紧密，从而使离合器企业正迅速地减少汽车的零部件数量，形成新的组合件模块。全球离合器供应商系统逐渐向宝塔形结构演变，形成三个清晰的层次：由一级厂商对整条供应链负责管理，围绕第一级的组件供应商以及零件供应商为二级和三级供应商，使供应链之间的合作更加规范。

3. 企业信息化程度需要提高

现代化离合器生产与管理都是以计算机技术的应用为基础的，生产过程自动化，工具装配、检测仪表广泛应用计算机数控、加工中心和机器人，保证物流、能源流和信息流的自动化，应用先进的管理系统实施产品生命周期的管理，实现成本最低、质量最高的优化目标。以美国福特等为代表的大整车制造商由传统的纵向经营、追求大而全的生产模式逐步转向精简机构、以开发整车项目为主的专业化生产模式。各大汽车公司在扩大生产规模的同时，逐渐降低了离合器的自制率，实行精益生产方式（Lean Production）。面对 20 世纪 80 年代末以来越来越大的成本压力，各大整车厂纷纷寻求建立新的全球供应链来降低成本。由于整车厂把成本降低的要求压给了各离合器制造商，离合器制造商别无选择，只能扩大发展全球供应链。

离合器产业的信息化，大体上可以分为两类：一类是指企业内部的信息化，另一类是指离合器产业的信息化。企业内部的信息化，是指以信息技术统筹管理企业的所有信息，以开发和利用信息资源，提高管理水平、研发能力、经营水平，其已经成为企业核心竞争力的关键。离合器产业的信息化，是指通过现代互联网技术构筑汽车行业的信息网，以优化资源配置，以信息流来部分取代人流和物流，大大提高行业的运营效率。实际上两者是密切联系、不可分割的整体，企业内部的信息化为行业的信息化提供技术基础，反过来行业信息化为企业内部信息化提供发展的舞台。两者相互促进，相互协调，共同推进信息化的发展。从制造资源计划（MRP）、企业资源计划（ERP）、供应链管理（SCM）、客户关系管理（CRM）、企业信息门户（EIP）等概念的提出，我们可以清楚地看到汽车信息化不仅作用于汽车企业供应、生产、销售，也作用于企业文化、企业管理等所有领域。网络技术所导致的现代管理发展，产生了企业在信息与资源协调能力上的基础竞争差距。企业的信息协调能力，从 MRP 到 MMI，再到 ERP，然后扩展到企业内外，产生了 SCM 和 CRM。在全面掌握信息的基础上，形成高层管理技术。单一的 MRP、ERP 系统已不能满足汽车工业的发展，企业的信息协调能力是汽车工业实现电子商务的瓶颈，必须是基于网络的信息系统整合才能满足汽车工业的协作生产要求。

B.9
智能制造领域发展分析

摘　要：　智能制造已经成为各国巩固、重塑本国制造业在全球
竞争优势地位的重要方式，世界主要工业发达国家出
台产业政策文件大力推广和应用智能制造技术，促进
制造业与智能制造技术的不断融合，我国也在《中国
制造2025》中将智能制造作为主攻方向。本文主要分
析了我国汽车智能制造装备的产业发展政策、市场竞
争和主要技术现状，并分析了我国产业发展的主要瓶
颈，给出初步的发展建议。

关键词：　智能制造装备　产业化发展　技术现状

一　智能制造装备政策概况

智能制造装备基于信息化与工业化的深度融合，是高端装备制造

的重点发展方向之一。智能制造装备集机械系统、运动系统、电气控制系统、传感器系统、信息管理系统等多种技术于一体，能够大幅减少生产过程对人力劳动的依赖，显著提高生产精度、生产质量和生产效率，被广泛应用于汽车整车及零部件、工程机械、飞机制造、轨道交通等多个制造领域。发展智能制造装备产业对于加快制造业转型升级，提升生产效率、技术水平和产品质量，降低能源、资源消耗，实现制造过程的智能化和绿色化发展具有重要意义。

近年来，美国、德国、英国、日本等发达国家纷纷实施了以重振制造业为核心的"再工业化"战略，颁布了一系列以"智能制造"为主题的国家计划，我国政府和企业也不断加大产业扶持力度。2010年《国务院关于加快培育和发展战略性新兴产业的决定》将以智能制造装备为代表的高端装备制造业列为七大战略性新兴产业之一。制造业始终是国家富强、民族振兴的坚强保障，此后国家陆续颁布《智能制造科技发展"十二五"专项规划》（2012年）等系列产业政策，用以支持智能制造装备行业的发展，加快推进制造业智能化、绿色化、服务化，切实增强制造业核心竞争力，推动我国制造业加快迈向全球价值链中高端。国家关于智能制造成套装备、数字化车间系统集成、工业机器人及其关键部件等的支持鼓励政策有利于本行业发展。2017年发布的《智能制造"十三五"发展规划》，为中国制造业智能化转型的重要五年确定两大时间节点和十个重要任务，为中国智能制造产业发展指明方向。《中国制造2025》将智能制造装备列为实现和推动我国工业转型升级的基石。

二 汽车智能制造装备发展概况

我国汽车智能制造装备行业的市场化程度较高，市场竞争较为充分。竞争格局分为三个层次。一是具备汽车智能制造装备整厂工程设计、项目总包能力的国际知名企业，如以德国杜尔、艾森曼和日本帕卡、大气社、得立鼎等为代表的国际知名企业进入中国市场多年，凭借强大的整厂设计、项目总包能力在国内市场的份额较大。二是具备较强的汽车智能制造装备系统研发设计能力，且生产、安装调试及售后服务综合能力较强的国内优势企业。国内机械四院、机械九院、东风设计院等国内大型专业设计院所主要从事汽车制造整厂的设计，汽车智能制造装备的制造、安装、调试等业务主要外包给设备企业合作方来完成。华昌达、江苏长虹智能装备集团有限公司、上海天永智能装备股份有限公司、江苏骠马智能装备股份有限公司、苏州天成涂装系统股份有限公司、四川成焊宝玛焊接装备工程有限公司等行业领先的汽车智能制造装备企业，在长期从事系统工艺单元的制作、安装业务过程中也具备了系统的整体设计能力，能够设计生产包括冲压、焊装、涂装、总装自动化生产线等在内的种类齐全的全套智能制造装备，在系统集成技术、项目管理能力、售后服务等方面也都具有明显的竞争优势。三是不具备系统设计能力或研发设计能力不强的众多工艺单元供应企业，此类企业普遍规模小，技术弱，通常只从事简单加工服务，其毛利率相对较低。

国内智能制造装备企业的业务类型可分为系统集成和工艺单元制造安装两种。具体来看：①系统集成需综合考虑客户的整体生产节奏、生产效率、电气控制、环保影响等，要求供应商具备较高的专业技术水平、较强的工艺开发能力以及丰富的项目实施经验。由于智能制造装备系统集成业务的进入门槛较高，其利润率水平预计可长期保持较高水平，且波动幅度相对较小。②工艺单元的制造安装主要由具备系统集成能力的企业在总包之后向设备制造企业分包形成。目前，国际知名企业在我国国内设立的制造厂除开发核心技术和关键设备外，基本不再从事其他设备的大规模生产，带来大量的工艺单元制造安装需求。这类业务进入门槛相对较低，市场参与者众多，利润水平呈持平并小幅下降趋势。

我国汽车产业良好的发展前景为国内外汽车智能制造装备企业的发展提供了广阔的空间。随着国内汽车产业的稳健发展，汽车智能制造装备已从早期的简单机械设备逐步发展到现在的高度自动化和智能化装备，汽车行业的应用整体前景良好。我国汽车产销量的快速增长带动了汽车工业固定资产投资规模的持续增加。按工艺划分，汽车智能制造装备包括冲压、焊装、涂装、总装四大类，各自的投入占比一般为20%、25%、35%、20%，汽车工业固定资产投资的增长给冲压、焊装、涂装、总装智能制造装备带来了巨大的市场需求。汽车工业"十三五"规划以绿色制造、智能制造为思路，绿色制造中新能源汽车是发展重点，同时信息化、智能化的智能制造也是建设重心。我国新能源汽车的蓬勃发展将进一步带动汽车产业的发展和升级，有利于行业固定资产投资长期保持较高水平，有效保障国内汽车智能制造装备业的发展空间。国家战略引导汽车产业和装备制造业"走出去"，加之国内车企转型升级和汽车产业并购整合，汽车智能制造装备的需求潜力巨大。

汽车智能制造装备技术的提升，为本土企业带来较好的发展机遇。基于性价比、沟通便捷及服务响应等因素的考虑，自主品牌车企更偏向于选择国内厂商的智能制造装备，因此，我国自主品牌车企的快速发展和产能扩张，直接拉动了本土企业汽车智能制造装备的需求增长。长期以来汽车智能制造装备对外技术依存度一直保持较高水平，高端装备严重依赖日本、意大利等发达国家，部分本土装备虽可满足汽车工业制造的基本需求，在成套性、可靠性等方面与国外先进水平仍有很大差距。近年来，国内汽车市场竞争日趋激烈，新建生产线更加注重服务和成本效益，国产汽车智能制造装备的进口替代已成为行业发展的趋势和主要驱动力。随着一些关键技术国产化率的不断提升，目前我国汽车智能制造装备业已进入自主创新和技术引进相结

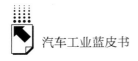
合的阶段，具备一定的竞争实力，到 2020 年，我国汽车智能制造装备对外技术依存度降低到 30% 左右。

三 智能制造技术发展概况

工业 4.0 是在德国汉诺威工业博览会上，由西门子和菲利克斯电气两家单位牵头，博世、SAP 等 20 多家研究机构和大学共同发起的。工业 4.0 并不是凭空出来的，而是从第一次工业革命（机械化）、第二次工业革命（大批量生产）、第三次工业革命发展而来，随着电子技术的应用，PLC 的引入，自动化程度极大提高，最终使工业革命上升到智能化的高度。工业 2.0 的平台是单点应用系统时代，典型的有 CAX，包括 CAD、CAM、CAE、CAPP，涉及产品的设计、工艺设计、分析应用、公差分析、制造过程。工业 3.0 时代是软硬件系统融合时代，实现软件系统之间、软硬件系统之间数据的互联互通，典型的应用就是传感器系统的发展，以及网络结构和通信产品极大的发展。相对而言，工业 4.0 时代又回归到大规模定制甚至更小的个性化定制的阶段。

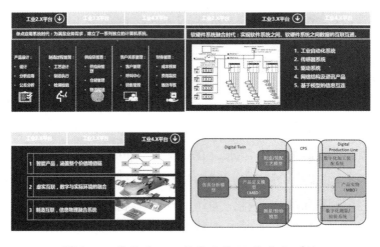

图 1　工业 2.0、工业 3.0 和工业 4.0 对比

无论是两化融合还是现在的《中国制造2025》，重点是对工厂的系统升级改造，信息化与自动化"比翼双飞"。工业4.0核心概括为一套系统、两大主题、三项集成。

（1）一套系统

信息物理融合系统（CPS）是集成计算、通信与控制一体的智能系统，通过人机交互接口，实现和物理进程的交互，使用网络化空间，以远程的、可靠的、实时的、安全的、协作的方式操控物理实体。

（2）两大主题

智能工厂，智能产品。智能工厂：在生产自动化、设备智能化、信息数字化的基础上，利用物联网技术和监控技术，加强信息管理服务。将跨内部工厂的所有环节信息连接，实现过程管控可视化、系统监管全方位、生产制造绿色节能。智能产品：与生产过程互动，记录全寿命周期信息的，满足客户定制化要求的产品。

（3）三项集成

纵向集成、横向集成、端到端集成。纵向集成：通过生产制造过程的数字化和可视化，提升生产效率。横向集成：产业链上下游各相互环节，实现实时交流与沟通。端到端集成：在经济可行的条件下，为客户提供大规模定制化的产品和服务。

（一）CPS系统

CPS，也就是信息物理融合系统，是工业4.0体系中的新名词，包括人联网、物联网、务联网。CPS以数字化为基础，将物理车间里面的整个生产过程进行数字化定义。比如图2，什么产品在哪个工位，借助什么资源，用什么样的工业生产出来，先做什么，做成什么，做得怎么样，完整的数字化定义。除了静态的定义，还需要进行动态的模拟。仿真无处不在，零件的仿真、产品级的仿真到装配序列的仿真、生产工位的仿真、人机工程的仿真，就是说在机器人编程方

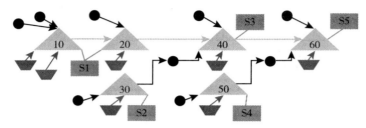

● 产品（图号、名称、装配关系、三维模型、二维工程图等）
▲ 工艺（工艺描述、工时、作业指导书、NC程序、机器人程序、质检说明等）
■ 工厂（设备组成、设备布局、设备操作手册等）
▼ 资源（工装、夹具、操作工具、吊装工具、操作平台、人力资源要求等）

图 2　CPS 示意

面，怎么来模拟，动作有没有干涉？次序对不对？

　　企业面对智能制造如何改变，是智能化，是数字化、自动化，数字化是计算机、多媒体技术、软件技术、智能技术的基础，也是信息化的技术基础。如工厂中的数字化仪表、数控机床、PLC 等。信息技术是有关信息的产生、收集、处理、传递和存储等方面的技术，现代信息技术是由计算机技术、通信技术、信息处理技术和控制技术等构成的一门综合性高新技术。信息化在工厂的应用非常广泛，涉及仓储、生产、动力、安全各个方面，包括 PLM、ERP、MES、WMS 等信息化系统。在智能工厂中提到的"智能化"是指由现代通信与信息技术、计算机网络技术、行业技术、智能控制技术汇集而成的针对某一个方面的应用。信息化系统是工业 4.0 至关重要的一个组成部分，硬件上要提高自动化，大量地引入机器人，提高自动化程度等，在软件的方面指的是各种信息化管理系统的配套。在制造业企业中，应用最多的信息化系统包括 PLM 系统、ERP 系统、MES 系统及 MOM 系统。

　　以西门子为例，CPS 是工业 4.0 的基础，其关键是智能化产品（CPS：Cyber Physical Systems）和智能化生产（CPPS：Cyber Physical Production Systems）。工业 2.0 特点是单点信息系统应用，工业 3.0 特

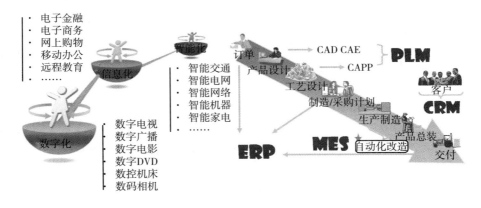

图3 工业 4.0 信息化系统示意

点是软硬件系统融合时代，实现软件系统之间、软硬件系统之间数据的互联互通，利用软件仿真技术优化企业硬件产能和资源分配，典型的五大系统（PLM、ERP、MOM、WMS、Automation）互联互通以提升企业产能。工业 4.0 是智能产品、虚实互联（digital twin）和制造互联。工业 4.0 是西门子的目标，目前西门子成都工厂的自我定位是 3.0 + 阶段。西门子成都工厂 2012 年建成开工，目前自动化率超过 60%，是第一个真正意义上的数字化工厂。成都工厂软件体系包括：用于 3D 设计的 NX 软件，PLM 采用 Siemens PLM 系统，ERP 是用的 SAP，MES 是 Siemens 的 SIMATIC IT，工厂仿真用的是 Tecnomatics，WMS 是自己定制的系统，工厂数据信息全，系统融合好，可实时流转到各个环节（系统），实现了信息无缝互联。

（二）信息化系统 MES、PLM 与 ERP

信息化帮助企业提升竞争力。根据分析型公司模型，最差的公司做到哪里算哪里，不知道为什么亏钱，更不知道怎样改进，从哪里改进。分析型公司初步，至少知道自己哪里不足，更进一步知道自己要怎样改。自动化在确定的方向可以加快速度，提高效率，减少人为差

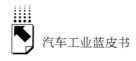

错，信息化则是告诉我们任何的偏差和改进的方向，自动化和信息化结合起来可以使我们在正确的道路上快速发展，逐步提升企业的竞争力。根据图4，分析型能力的层次如下。

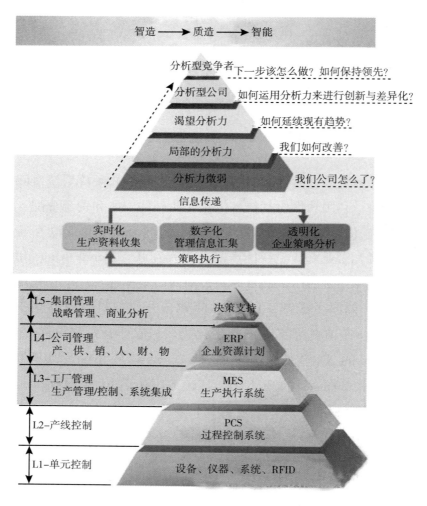

图4 分析型公司模型

①分析力微弱：我们公司怎么了？

②局部的分析力：我们如何改善？

③渴望分析力：如何延续现有趋势？

④分析型公司：如何运用分析力来进行创新与差异化？

⑤分析型竞争者：下一步该怎么做？如何保持领先？

分析力来自图 4 的 L3～L5 这三个层面。所以要建立分析力，首先当然要有基础的信息，基础的信息来自 MES 生产执行系统。通过 MES 来管理整个生产过程，将相关的数据采集上来，包括质量、加工工艺参数、所有物料的信息以及设备的信息等，如果说 L4 管理的是产供销、人财物，那么在车间里面，我们管理的就是人、机、料、法、环。有了这些数据以后才能进行必要的模型建立和分析，从而得出我们企业能做什么，做得怎么样，哪些地方做得好，哪些地方做得不好，需要改进，然后怎样改进，等等。在决策支持方面，也是以商业分析为基础的，运用商务智能 BI，设立恰当的 KPI，来监控和预测企业的运行状况。然后从这图 4 也可以看到 MES 是承上启下的很重要的一个环节，缺少了 MES 生产执行系统的支持，我们的 ERP 就是无源之水，无本之木。尽管有很多信息化系统的存在，但是对制造业企业来说，为了实现《中国制造 2025》的目标，PLM 系统、ERP 系统、MES 系统三大主要系统支撑信息系统的建立是至关重要的，而且建立以后，不要形成孤岛，要互联互通。

1. MES 系统简介

MES（Manufacturing Execution System）即制造企业生产过程执行系统，是一套面向制造企业车间执行层的生产信息化管理系统，是美国 AMR 公司（Advanced Manufacturing Research, Inc.）在 20 世纪 90 年代初提出的，旨在加强 MRP 计划的执行功能，把 MRP 计划和车间作业现场控制通过执行系统联系起来。这里的现场控制包括 PLC 程控器、数据采集器、条形码、各种计量及检测仪器、机械手等。MES 可以为企业提供制造数据管理、计划排产管理、生产调度管理、库存管理、质量管理、人力资源管理、工作中心/设备管理、工具工装管

理、采购管理、成本管理、项目看板管理、生产过程控制、底层数据集成分析、上层数据集成分解等管理模块，为企业打造一个扎实、可靠、全面、可行的制造协同管理平台。MES能通过信息传递对从订单下达到产品完成的整个生产过程进行优化管理。

MES为企业生产管理人员进行过程监控与管理、保证生产正常运行、控制产品质量和生产成本提供了灵活有力的工具。MES为工厂带来的好处包括：优化企业生产制造管理模式，强化过程管理和控制，达到精细化管理目的；提升各生产部门的协同办公能力，提高工作效率，降低生产成本；提高生产数据统计分析的及时性、准确性，避免人为干扰，促使企业管理标准化；为企业的产品、中间产品、原材料等质量检验提供有效、规范的管理支持；实时掌控计划、调度、质量、工艺、装置运行等信息情况，使各相关部门及时发现问题和解决问题；最终可利用MES建立起规范的生产管理信息平台，使企业内部现场控制层与管理层之间的信息互联互通，以此提高企业核心竞争力。

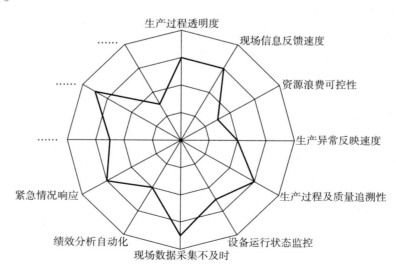

图5　MES的主要功能

　　MES 的分类有很多种，从大方面的来说，分为流程型和离散制造型两大类，最多加上混合型，也就是离散制造的前端有原材料及成型工序（例如，压铸、注塑等）。汽车零部件绝大部分属于离散制造业。MES 供应商现在非常多，据不完全统计，保守估计 MES 企业有几千家，将它们按照 MES 的起源可以分成以下几大类。①从自动化设备基础上发展而来，是一种自下而上的集成方式，代表公司有 GE Fanuc、Rockwell、Honeywell、浙江中控、上海慧明、中科久辉等。②从专业 SCADA、人机界面操作系统（HMI）厂商发展而来，代表公司有 Wonderware（已经被施耐德收购）、施耐德电气等。③从专业 MES 发展而来，代表公司有 Camstar Systems、联欣、灵娃智能等。④从 ERP 领域延伸或者这些厂商为了业务的发展延伸到 MES 领域而来，代表公司有 SAP、Oracle、用友、金蝶、鼎捷等。⑤从 PLM 领域延伸或者这些厂商为了业务的发展延伸到 MES 领域而来，代表公司有西门子 PLM、达索系统、艾克斯特、CAXA 等。⑥其他领域发展过来，例如数据采集，是专门为这些系统集成商做接口的，比如说做机床的接口数据采集的，它们也在一定程度上做些报表，所有的这些模块也称作 MES。⑦还在制造业企业当中委托自己的 IT 部门或者委托一个 IT 服务供应商，为自己的生产管理需求开发一些小模块，逐步往更多的功能扩展，那么这个也是一种类型的 MES，这种 MES 的推广往往存在很大的行业性的特点，在一个企业取得一定的经验以后，在相同类型的企业当中进行横向复制。

　　MES 的市场竞争格局呈现分散的、百花齐放的特点。从国际国内来看，国际大牌有西门子工业软件、GE、Rockwell 自动化、施耐德电气、MPDV 等。施耐德电气是一个总部在法国的全球工业巨头，全球化的程度也比较高，但 MES 系统在中国的子公司推广效果不甚理想。MPDV 公司规模不大，但是专业的 MES 公司，在国内相对来说有一定的品牌影响力。西门子发展 MES 还是比较早的，最早有自

197

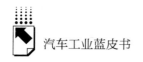

己的 Technomatics 这样一个组件，后面有 Simatic IT，后来又陆续收购了 Camstar 等不少 MES 软件。Camstar 在国内的军工等领域有不少客户，GE 是工业自动化的创导者，Rockwell 自动化较早进入汽车领域，获得了较多的汽车领域企业用户。另外，如宝信、浙大中控、黑湖科技等在 MES 市场上表现比较抢镜。宝信通过学习消化引进的国外 MES 系统，建立了自己的 MES 系统，在流程行业取得了很大的成功。浙大中控在化工行业拥有不少客户群。黑湖科技在当今大数据、互联网、云服务、SaaS 的口号下，取得了几轮融资，应当说是资本市场也非常看好 MES 市场。

2. PLM 系统简介

PLM 系统，即产品生命周期管理（Product Lifecycle Management，PLM）。根据业界权威的 CIMdata 的定义，PLM 是一种应用在单一地点的企业内部、分散在多个地点的企业内部，以及在产品研发领域具有协作关系的企业之间的，支持产品全生命周期的信息的创建、管理、分发和应用的一系列应用解决方案，它能够集成与产品相关的人力资源、流程、应用系统和信息。PLM 是一种理念，即对产品从创建到使用，到最终报废等全生命周期的产品数据信息进行管理的理念，实现了在全企业内数据存取的简便性，减少了大量的创建和维护 BOM 的时间。来自 Aberdeen 公司的分析显示，企业全面实施 PLM 后，可节省 5% ~ 10% 的直接材料成本，提高 20% ~ 40% 库存流转率，降低 10% ~ 20% 开发成本，进入市场时间加快 15% ~ 50%，降低 15% ~ 20% 用于质量保证方面的费用，降低 10% 制造成本，提高 25% ~ 60% 生产率。立木信息咨询发布的《中国 PLM 市场预测与战略咨询研究报告（2019 版）》显示：按照 CIMdata 的分类，PLM 市场可分为三个大类，分别是协同产品定义管理（cPDm）、工具和数字化制造。PLM 市场整体增长 7.3%，达到 436 亿美元，高于预期。在中国市场，2017 年中国主流 PLM 市场容量扩大到 12.8 亿美元，较 2016 年的 11.4 亿美元增长了 12.9%。2017 年中国 PLM 市场达到 20.2 亿美元，较 2016 年增长了 13.2%。中国 PLM 市场份额由 2016 年的 4.4% 增长至 2017 年的 4.63%。e-works 预估，未来五年（2019~2023 年）中国 PLM 市场仍将保持增长势头，预计年均复合增长率为 13.9%。

3. ERP 系统简介

企业资源计划即 ERP（Enterprise Resource Planning），由美国 Gartner Group 公司于 1990 年提出。目前，在我国，ERP 所代表的含义已经被扩大，用于企业的各类软件已经统统被纳入 ERP 的范畴。ERP 是将企业所有资源进行整合集成管理，简单地说，是将企业的三大流——物流（分销、采购、库存管理）、资金流（会计核算、财务管理）、信息流进行全面一体化管理的信息系统。ERP 把客户需求和企业内部的制造活动以及供应商的制造资源整合在一起，形成一个完整的供应链，其核心管理思想主要体现在以下三个方面：①体现对整个供应链资源进行管理的思想；②体现精益生产、敏捷制造和同步工程的思想；③体现事先计划与事前控制的思想。近年来，我国 ERP 软件行业的市场规模稳定发展，2018 年的市场规模比 2011 年的 96.7 亿元增长了接近 2 倍，如图 6 所示。中国 ERP 软件行业参与者

图 6 中国 ERP 软件行业市场规模

主要分为跨国 ERP 巨头、民族 ERP 软件领导层、国内 ERP 中产阶层、国内中小型 ERP 软件厂商四个层次，主要企业有 SAP、Oracle、IBM、用友软件、金蝶国际、浪潮通软、新中大、金算盘、佳软、金航数码、英克等企业。

表1　ERP 软件行业主要企业简介

厂商类别	企业	主要业务
跨国巨头	SAP	ERP 程序设计、系统安装与维护
	Oracle	服务器及工具、企业应用软件、ERP 软件
	IBM	高端 ERP 实施和战略咨询规划
	埃森哲	高端 ERP 实施
	HP	高端 ERP 实施
国内领军企业	用友软件	人力资源、客户关系、小型企业、财政及行政单位等管理软件开发及设计
	金蝶国际	管理软件开发与服务提供、云服务
国内大型企业	浪潮通软	云计算、大数据服务
	新中大	计算机软件的开发、技术咨询、技术转让及服务
	金算盘	提供企业资源计划系统
国内中小型企业	佳软	软件的研发、系统集成、服务等业务
	英克	计算机软硬件的研制、开发与生产等业务
	金航数码	IT 基础设施与信息安全、管理与咨询等业务

4. PLM 与 ERP、MES 的集成

信息化平台，作为实现以上各环节乃至智能制造的重要支撑，已在国内众多的企业得到广泛的应用。产品生命周期管理、企业资源计划和制造执行系统是主流企业信息化建设中不可或缺的三驾马车，它们完全涵盖了从项目招投标、商务合同、订单处理、研发设计、工艺规划到生产制造、产品交付、运维服务、报废回收等诸多环节，帮助企业最终实现产品可视化、数据结构化等整个业务运营的全面数字化，为逐步迈向智能化夯实基础。

（三）智能制造使能技术

2017 年 12 月，工业和信息化部发布的《关于印发第一批智能制造系统解决方案供应商推荐目录的通知》中，共有 49 家企业入选，名单在很大程度上包含了面向工业 4.0 所需要的使能技术的提供者。智能制造技术不但涵盖 IT 技术、自动化技术、先进制造技术、新一代通信技术和人工智能技术等多种支撑技术，还涉及诸多工业软件的集成应用，涉及智能装备应用、设备联网、数据采集、数据分析和业务流程优化等，既需要单一技术与装备的突破应用，同时还需要系统化的集成创新，这些构成了智能制造使能技术。

1. 机器人

智能制造（Intelligent Manufacturing，IM）是一种由智能机器和人类专家共同组成的人机一体化智能系统，它在制造过程中能进行智能活动，诸如分析、推理、判断、构思和决策等。通过人与智能机器的合作共事，去扩大、延伸和部分地取代人类专家在制造过程中的脑力劳动。它把制造自动化的概念更新，扩展到柔性化、智能化和高度集成化。从概念中可以看出，机器人和人工智能在智能制造中扮演了相当重要的角色，也起到了非常关键的作用。也正因为此，机器人产业的发展异常迅猛。根据 IFR 国际机器人联合会统计数据，2016 年我国工业机器人销量已高达 9 万台（占全球工业机器人订单总量的三分之一），在下游应用领域中，占比最大的是汽车制造（48%），其次是 3C 制造（24%）。国家统计局公布的数据显示，2018 年，国产工业机器人产量达到 14.77 万台，相较于 2017 年的 13.1 万台，增加 12.7%。根据国家制定的《机器人产业发展规划（2016 ~ 2020年）》目标，2017 ~ 2020 年，我国自主品牌工业机器人年产量将达到 10 万台，六轴及以上机器人 5 万台以上。如果该目标顺利完成，则意味着 2017 ~ 2020 年我国自主品牌工业机器人的销量复合增速将达

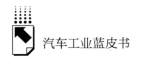

到37%。

工业机器人的"四大家族"发那科、ABB、安川、库卡（KUKA）占据了全球一半以上的份额，相比之下，国内机器人在全球市场占有率较低，不足10%。国际著名工业机器人企业及其在中国的布局如下。

- 日本发那科创立于1956年，全球工业机器人行业领跑者，世界上为数不多的由机器人来做机器人的公司，在中国投资设立上海发那科机器人有限公司。

- ABB专注于为工业和电力行业客户提供解决方案，全球电力和自动化技术领域的佼佼者，世界500强企业，在国内设立ABB（中国）有限公司。

- 日本安川创立于1915年，世界知名的传动产品制造商，专业致力于电机产品研发设计生产的企业，在国内设立安川电机（中国）有限公司。

- 德国库卡创立于1995年，机器人和自动化技术领域的先驱，全球领先的工业机器人制造商，在国内设立库卡机器人制造（上海）有限公司。

- 日本川崎机器人隶属于川崎重工业株式会社，是日本著名重工业公司，日本工业机器人的先驱力量，国内设立川崎机器人（天津）有限公司。

- 日本那智不二越创立于1928年，全球知名的机器人制造企业，以轻量紧凑的小机器人著称，从原材料产品到机床的综合制造型企业，在国内设立那智不二越（上海）贸易有限公司。

目前，我国工业机器人企业总体上还处于成长期。欧洲、美国、日本等发达国家与地区的企业凭借既有的技术优势占据了我国机器人市场的绝大部分份额。其中，ABB、库卡、发那科、安川四大巨头占据中国市场的约70%。国内工业机器人领域的领先企业目前已基本掌握机器人本体设计制造、控制系统软硬件、运动规划等相关技术，但总体技术水平与国外先进技术相比仍存在较大差距，缺乏核心及关键技术的原创性成果和创新理念，精密减速器、伺服电机、伺服驱动器、控制器等高可靠性基础功能部件方面的技术薄弱，长期依赖进口。沈阳新松机器人自动化股份有限公司是我国工业机器人诞生的摇篮，也是我国机器人行业标准起草单位，推动了国产机器人产业化。国内企业的"机器换人"兴起于2012年底浙江、江苏的传统制造企业中。2014年，随着"东莞一号"文件及各项扶持政策的出台，"机器换人"在珠三角的制造业重镇——东莞轰轰烈烈地开展，并在全国掀起了一场"机器换人"的浪潮。但是，鉴于技术水平和投资回报的因素，智能制造和人工智能不能被过度迷信，人的作用仍是不可替代的。

2. 自动化生产线

自动化生产线是在流水线和自动化专机的功能基础上，逐渐发展形成的，自动工作的机电一体化的装置系统通过自动化输送及其他辅助装置，按照特定的生产流程将各种自动化专机连接成一体，并通过气动、液压、电机、传感器和电器控制系统使各部分的动作联系起来，使整个系统按照规定的程序自动工作，连续稳定地生产出符合技术要求的特定产品。

采用自动线进行生产的产品应有足够大的产量；产品设计和工艺应先进、稳定、可靠，并在较长时间内基本保持不变。在大批、大量生产中采用自动线能提高劳动生产率，稳定和提高产品质量，改善劳动条件，缩减生产占地面积，降低生产成本，缩短生产周期，保证生产均衡性，有显著的经济效益。

机械制造业中有铸造、锻造、冲压、热处理、焊接、切削加工和机械装配等自动线，也有包括不同性质的工序，如毛坯制造、加工、装配、检验和包装等的综合自动线。切削加工自动线在机械制造业中发展最快，应用最广。主要有：用于加工箱体、壳体、杂类等零件的组合机床自动线；用于加工轴类、盘环类等零件的，由通用、专门化或专用自动机床组成的自动线；旋转体加工自动线；用于加工工序简单小型零件的转子自动线等。数字控制机床、工业机器人和电子计算机等技术的发展，以及成组技术的应用，将使自动线的灵活性更大，可实现多品种、中小批量生产的自动化。多品种可调自动线，降低了自动线生产的经济批量，因而在机械制造业中的应用越来越广泛，并向更高自动化的柔性制造系统发展。

3. 传感器

人们为了从外界获取信息，必须借助于感觉器官。而单靠人们自身的感觉器官，在研究自然现象和规律以及生产活动中它们的功能就远远不够了。为适应这种情况，就需要传感器。因此可以说，传感器是人类感官功能的扩展，又被称为电五官。新技术革命时代的到来，世界开始进入信息时代。在利用信息的过程中，首先要解决的就是获取准确可靠的信息，而传感器是获取自然和生产领域中信息的主要途径与手段。它是实现自动检测和自动控制的首要环节，也是工业控制领域不可缺少的元件。

在现代工业生产尤其是自动化生产过程中，要用各种传感器来监视和控制生产过程中的各个参数，使设备工作在正常状态或最佳状态，并使产品达到最好的质量。因此可以说，没有众多的优良的传感器，现代化生产也就失去了基础。传感器技术是当今世界令人瞩目的迅猛发展起来的高新技术之一，也是当代科学技术发展的一个重要标志，它与通信技术、计算机技术构成信息产业的三大支柱。据相关机构数据统计，2015年中国传感器市场规模为995亿元，同比增长15%。2016年，中国传感器市场规模达到了1126亿元，同比增长13.2%。截至2017年末中国传感器市场规模约为1300亿元，预计2018～2022年年均复合增长率约为12.13%，预计到2022年中国传感器市场规模将达到 2327 亿元。各种加强"智能"的传感设备也将会被更多地应用。例如，功能和性能更强的视觉识别系统将会和机器人共同使用，使机器人更加"智能"。各种传感器的应用，一方面使我们可以更多地获取"状态"的信息；另一方面还可以帮助我们预防性地去判断设备运营状态，从而可以进行预防性的设备的维护和保养。

4. 自动化立体仓库和 AGV

自动化立体仓库，也叫自动化立体仓储，是物流仓储中出现的新概念，利用立体仓库设备可实现仓库高层合理化、存取自动化、操作简便化。自动化立体仓库，是当前技术水平较高的形式。自动化立体仓库的主体由货架、托盘（货箱）、巷道式堆垛起重机、入（出）库工作台和自动运进（出）及操作控制系统组成。货架大多采用钢结构，货架内是标准尺寸的货位空间，巷道式堆垛起重机穿行于货架之间的巷道中，完成存、取货的工作。管理上采用计算机及条形码技术或者 RFID 相结合。

● 货架：用于存储货物的钢结构。主要有焊接式货架和组合式货架两种基本形式。

● 托盘（货箱）：用于承载货物的器具，亦称工位器具。

● 巷道式堆垛起重机：用于自动存取货物的设备。按结构形式分为单立柱和双立柱两种基本形式；按服务方式分为直道、弯道和转移车三种基本形式。

● 输送机系统：立体库的主要外围设备，负责将货物运送到堆垛机或从堆垛机将货物移走。输送机种类非常多，常见的有辊道输送机、链条输送机、升降台、分配车、提升机、皮带机等。

● AGV 系统：自动导向小车。根据其导向方式分为感应式导向小车和激光导向小车。

● 自动控制系统：驱动自动化立体库系统各设备的自动控制系

统。以采用现场总线方式为控制模式。

● 储存信息管理系统（WMS）：一个好的立体仓库需要强大的WMS来进行管理。包括货位的存放、先进先出的实现、快速找货等。

由人工操作机械运行并在高层货架上认址，按输入的指令，机械自动运行寻址认址，运行到预定货位后，自动停住，自动装取方式，是无人操作方式。按控制者的指令或按计算机出库、入库的指令进行自动操作。AGV 的深度应用会给"柔性和灵活"带来更大的想象空间。例如，未来可能不再有流水线了，而产品从第一个零部件开始就是由一个 AGV 小车所承载的，它在不同的工位和物料之间来回穿梭，使我们可以真正做到"产品是智能的，产品知道自己下一步的加工工序是什么"，实现了生产的自组织自协调。而当我们把机器人安装在 AGV 上之后，除了可以实现物流以及生产流程的自主灵活外，又使我们的加工和装配工艺非常灵活并实现差异化。

实施自动化立体仓库的好处：①节约仓库占地面积，使仓库的空间得到了充分利用；②自动化管理提高了仓库的管理水平。自动化立体仓库采用计算机对货品信息进行准确无误的信息管理，减少了在存储货物中可能会出现的差错，提高了工作效率。

5. 工业互联网

工业互联网平台，是一个以企业为中心的平台，而不是说在整个工业行业建一个大的所谓"工业互联网平台"。平台化其实是指企业的平台化，每一个大企业都会有自己的企业平台，而不会把自己的业务搬到其他企业的平台上去。如果一定要说有一个工业和产业共用共享的平台，那这个平台就是全球物联网平台（Internet of Things，IOT），它不是为哪个工业，为哪个部门而设计的，而是面向全世界各行各业乃至个人服务的全球物联网。

工业互联网平台是一个理想的"过程"智能化的平台。设想非常完美，但系统非常复杂。在实现过程中，未知数还很多，不同产业类别的企业平台之间的差异也很大。例如，中航工业的平台，几乎不太可能拿去给中石油用，基本上要推倒重建。所以，每个企业一定要从自身的紧迫需求和实际效益出发，分步推进，绝对不能盲目跟随，尤其考虑到当前中国制造业发展的水平和信息化的水平与国际先进水平相差仍然很大，"过程"智能化的路途还比较遥远。如果把智能制造的全部资源和精力都投放在工业互联网平台上，又把平台理解为产业的平台，可能就误判了智能制造的发展方向。当务之急，还是我们的产品和装备的智能化问题，这对当下的中国来讲，是智能制造的重点努力方向。

6. WMS

WMS 是仓库管理系统（Warehouse Management System）的缩写，是通过入库业务、出库业务、仓库调拨、库存调拨和虚仓管理等功能，对批次管理、物料对应、库存盘点、质检管理、虚仓管理和即时库存管理等功能综合运用的管理系统，可有效控制并跟踪仓库业务的物流和成本管理全过程，实现或完善企业的仓储信息管理。该系统可以独立执行库存操作，也可与其他系统的单据和凭证等结合使用，可为企业提供更为完整的企业物流管理流程和财务管理信息。

而 WMS 软件则除了管理仓库作业的结果记录、核对和管理外最大的功能是对仓库作业过程的指导和规范，即不仅对结果进行处理，而且通过对作业动作的指导和规范保证作业的准确性、速度和相关记录数据的自动登记（录入计算机系统），增加仓库的效率、管理透明度、真实度，降低成本，比如，通过无线终端指导操作员给某订单发货：当操作员提出发货请求时，终端提示操作员应到哪个具体的仓库货位取出指定数量的哪几种商品，扫描货架和商品条码核对是否正确，然后送到接货区，录入运输单位信息，完成出货任务，重要的是包括出货时间、操作员、货物种类、数量、产品序列号、承运单位等在内的信息在货物装车的同时已经通过无线方式传输到计算机信息中

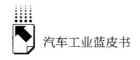

心数据库。从"人工找货"转变成"导向定位取货"，大大降低了对人员的依赖，提高找货的效率及准确性。集合立体仓库的应用，大大提高仓库的利用效率，可以减少仓库面积。

7. APS 和 SCM

高级计划与排程（Advanced Planning and Scheduling，APS），解决生产排程和生产调度问题，同时解决排序问题或资源分配问题。在汽配行业，APS 解决多工序、多资源的优化调度问题，从而对项目管理与项目制造解决关键链和成本时间最小化，确保生产有序，保障交期，提升产能都具有重要意义。在实际生产中，生产能力取决于库存能力，采购有到货周期、关键设备的产能、操作人员的约束等，将这些基础信息代入，通过 APS 就得到目前企业条件下能交付的计划。APS 的运行需要有 ERP、MES、PLM 等系统提供的数据支持。

SCM 供应链管理是一种集成的管理思想和方法，它执行供应链中从供应商到最终用户的物流的计划和控制等职能。从单一的企业角度来看，是指企业通过改善上下游供应链关系，整合和优化供应链中的信息流、物流、资金流，以获得企业的竞争优势。SCM（Supply Chain Management）就是对企业供应链的管理，是对供应、需求、原材料采购、市场、生产、库存、订单、分销发货等的管理，包括了从生产到发货、从供应商到顾客的每一个环节。统计数据表明，企业供应链可以耗费企业高达 25% 的运营成本。SCM 能为企业带来如下的益处：增加预测的准确性；减少库存，提高发货供货能力；减少工作流程周期，提高生产率，降低供应链成本；减少总体采购成本，缩短生产周期，加快市场响应速度。

四　问题及建议

物联网、云计算、3D 打印、移动互联、机器人、大数据、人工智能等新技术的发展与应用，催生了更多的商业模式，使商业、生产、服务更加智能，更有效率，通过工业互联网等新理念打造智能制造的生态圈，重新定义制造业，占据制造业的制高点，甚至形成颠覆式的竞争力。然而目前我国制造业表现出"大而不强"的特征，集成供应商不足，新型传感器、工控系统、仿真软件、智能制造核心软件 MES 等关键技术装备和工业软件对外依存度高，自主化产品市场占有率偏低，体系建设尚未完成。

（一）成熟市场的培育和高端人才的培养是现阶段智能制造发展的两个最大瓶颈

一个成熟的市场，往往有供需双方都理解一致的产品标准、商业模式和道德准则，以及明确的项目执行流程。智能制造市场距离成熟显然还有很长一段路要走，政府需组织力量来研究推进市场发展，但也需要注意边界和方式。整体市场生态维护需构建长效监管机制，强化市场主体监管，加大监督检查力度。政府部门还应把握好政策干预的进退关系，不仅需要从企业的微观经营活动——譬如，类似"专项"所针对的企业产品开发活动——以及非普惠性支持的政策偏好和惯性中进一步退出，更需要在涉及工业全局性、体系性和结构性矛盾的领域以及市场机制明显失灵的环节理直气壮地发挥好应有作用。

在推动"中国制造"向"中国智造"转型的过程中，需要一大批掌握核心技术、具有现代工匠精神的新型高技能人才的支撑。智能制造企业需要的是实用型、高层次、复合型人才，而现阶段的人才培养与最先进的技术发展和产业应用之间存在迟滞及脱节，毕业生的实践应用能力和新技术应用能力不强，教育部门与产业部门还缺乏更加有效的衔接。建议完善智能制造高技能人才培养机制，深入推进产教融合、校企合作，加快出台相关条例，为产教融合培养人才提供制度保障。同时，大力扶持先进制造产业、新能源产业等领域的人才发展

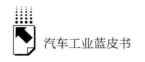

平台，引导和支持一批有条件、有意愿的智能制造企业参与职业教育。

借鉴日本在智能制造方面的一些措施。针对中小企业的智能化转型问题，日本产业界在 2016 年就开始完善"智能制造支援队"的咨询基地，采用"伴走型"方式，培养与派遣可支援中小企业的专业人士。2018 年 6 月，日本政府发布的白皮书提出在人力资源不足的情况下，如何维持与强化现场力，如何提高数字人才培育等。白皮书建议采用两种方法。一是加大数字人才的培育。将工业数据和人的知识，进行模型化和数字化，重构新型"现场力"；同时强化面向制造业的 IT 人才的培养。二是大力推动 AI 应用与普及，这种普及既包括高科技人才的培养，也包括中小学的普及，同时促进 AI 等前沿研究开发。

（二）基础研究比较薄弱，高端技术受控于国外企业的局面亟须改变

国内企业需要提升自主创新和技术研发能力。智能制造装备行业在我国起步较晚，虽然国内企业在消化、吸收国外智能制造装备技术方面取得了显著成绩，但整体而言国内企业的自主创新和技术研发能力与国外先进企业相比仍有差距，技术基础相对薄弱，在大型、超大型系统及高端应用领域，国外先进企业基本处于主导地位，我国智能制造装备企业需要不断努力缩小差距。

国内企业抗风险能力较弱，配套产业技术仍须提升。我国智能制造装备行业的企业数量众多，但大多数为规模偏小的工艺单元制造安装企业，真正具备为客户提供从产品设计、生产加工、集成到安装调试、维护保养的整体解决方案的企业较少。行业企业的整体技术实力不强，与国际先进企业相比，竞争能力不强，抗风险能力相对薄弱。此外，我国目前工业基础与国外先进水平相比仍有一定差距，高品质的零部件如电机减速机、滑触线等，以及高端芯片等电子元器件仍依赖进口，也在一定程度上制约了本行业企业自主创新能力的提升。

专 题 篇

Special Report

B.10
中国品牌零部件全球化发展战略研究

摘　要：　在经济全球化背景下，整车和零部件企业实施海外发展战略已成为应对国内激烈竞争、产能过剩的必然选择。对于汽车零部件企业而言，海外拓展之路受到诸多制约，实施全球化发展战略的机遇与挑战并存。本文梳理了我国汽车零部件全球化发展的现状和问题、面临的主要形势，总结了发展战略的重点任务，并提出未来发展的相关建议。

关键词：　国际化发展　经贸环境　品牌战略

一　面临的主要形势

（一）经贸局势越趋紧张，产业格局面临调整

2018 年，世界经济贸易增速放缓。"逆全球化"思潮再次兴起，

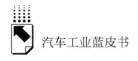

贸易保护主义日趋严重，全球大部分经济体在2017～2018年的短暂"恢复繁荣期"后，2019年经济增速回落成为大概率事件。联合国发布的《2019年世界经济形势与展望》（*World Economic Situation Prospects in 2019*）称，全球经济井喷式增长已达到阶段性顶点，2019～2020年全球经济增长将由2018年的3.1%下降至3%的水平。其中，2019年中国、美国的增长率分别放缓至6.3%、2.5%，欧盟将稳定增长2%，巴西、尼日利亚和俄罗斯等几个大宗商品出口国的经济增长2019～2020年将温和回升，非洲、西亚、拉美和加勒比地区2019年或仅略有增长。2019年4月，世界贸易组织（WTO）在《全球贸易数据与展望》报告中表示，2018年全球贸易总额约为39.342万亿美元，增加3.0%，但增幅较2017年回落1.6个百分点，并将2019年全球贸易增长预期由此前的3.7%大幅下调至2.6%。其中，中、美、德、日位列世界贸易总额前四，贸易总额分别为4.623万亿美元、4.278万亿美元、2.847万亿美元和1.487万亿美元。大国间经贸纷争加剧，全球经济增长放缓，金融市场波动及发达国家货币政策的趋紧等诸多因素拖累了2018年全球贸易增长，也使2019年和2020年的世界贸易增长面临强劲逆风。

世界形势面临诸多不确定不稳定因素，多边主义和自由贸易体制受到冲击，促使发达国家大力推动产业回归和资本回流，全球产业格局或将开启新一轮调整。发达国家转向大力推动"产业回归"和"再工业化"，部分产业向发达国家转移，新兴经济体纷纷加快工业化进程，加快承接产业转移，国际招商引资竞争更加激烈，我国承接国际产业转移已明显放缓，出口订单和产业向外转移加快，从跨国公司直属工厂蔓延到代工厂和配套企业，从劳动密集型产业发展到部分资本技术密集型产业。在汽车零部件领域，并购、拆分及重组已成常态，跨国公司更为注重本地化方向发展，全球价值链扩张趋势放缓。此外，以信息技术和数字技术为代表的新一轮技术革命引发的产业革命，将呈现生产方式智能化、产业组织平台化、技术创新开放化的特征，对全球产业分工也将带来全面而深刻的影响。

（二）中美贸易摩擦不断，关税政策影响深远

2018 年贸易摩擦产生伊始，中美双方政府就针锋相对地提高了汽车及汽车零部件关税。2018 年我国汽车零部件进出口贸易总额受到的影响较小，但海外业务营收占比较大且主要依赖出口无海外生产基地的零部件企业恐受贸易摩擦的冲击，部分高端品牌汽车零部件有可能加速海外发展进程。例如，车轮、轮毂供应商迪生力、跃岭股份；减震器供应商正裕工业；刹车片供应商金麒麟等受到较大冲击。另外，中国汽车企业在美国投资规模较大，如中国对密歇根州直接投资（FDI）在 2011~2017 年达到 12.1 亿美元，其中 42% 来自汽车零部件和原始设备制造商，此类企业产品销往中国同样受到影响。此外，由于美国挑起贸易争端的主要目的在于遏制中国高新技术产业的发展，具体到汽车领域，过于依赖美国芯片的汽车电子领域或将受到直接影响。如果中美贸易关系进一步恶化，美国对中国品牌汽车零部件企业在美国的发展将设置更多的障碍，不利于中国零部件企业整合美国零部件领域技术和人才。不管未来中美经贸关系态势如何变化，中美贸易冲突将对中国汽车产业发展战略、发展形态、发展重点产生深刻影响。

美国征收关税不仅会打击中国制造商，还会打击那些依赖中国的零部件制造商或在中国制造零部件、在美国有生产业务的公司。统计数据显示，我国出口的汽车零部件中约有 70% 为三资产品，其中美资企业占比约为 35%，总额高达 50 亿~80 亿美元。中美双方对汽车零部件加征关税，对美国汽车业的配套和维修市场均有百害而无一利。比如仅对特斯拉出口直接用于配套供货的国内 A 股上市公司就有 19 家，其中结构件为 7 家，内饰件为 2 家，还有生产继电器、热

管理系统、动力电池管理系统、地图、模具等的企业。若汽车零部件加征 25% 关税，则对于已陷入严重财政危机的特斯拉，无疑为雪上加霜。而在维修市场则是加重了消费者的负担。据为独立零部件制造商、经销商和零售商服务的游说组织美国汽车护理协会称，如果加征 25% 的关税，那可能会使更换一套刹车片（4 个）的平均成本从目前的 280 美元增加到近 400 美元。另外，中美贸易摩擦带来的不确定性给中国投资环境带来影响，对美贸易依赖性大的企业或将业务转移搬迁到第三国，不利于国内汽车零部件企业转型升级。

在全球供应链、价值链不断发展的形势下，各国产业紧密相连，贸易摩擦不仅对双方有影响，也会损害其他国家的利益。加征关税本身的直接影响较容易量化，但贸易摩擦升级损害国际合作信心，对各国经济产生多重冲击，影响难以估量。另外，因中美间贸易约占全球贸易总额的 3%，其中汽车贸易则约占全球贸易的 8%，汽车关税及连锁反应给全球汽车产业带来的影响或将大于中美贸易冲突本身。从中长期看，即便中美贸易摩擦告一段落，也将对中美汽车产业乃至全球汽车工业的产业构造、产业链条、产业布局产生深刻影响。

表1　2018～2019 年中美贸易摩擦中汽车相关事件

日期	发起方	事件简述
2018 年 3 月	美方	计划对每年高达 600 亿美元的中国输美产品征收 25% 关税，主要针对"中国制造 2025"计划所确定的 10 个战略行业，包括电动汽车
2018 年 4 月	中方	宣布拟对原产于美国的大豆、汽车、化工品等 14 类 106 项商品加征 25% 的关税
2018 年 7 月	美方	对从中国进口的 28 项汽车商品加征关税,第二批清单中新能源汽车产品加征关税待定
	中方	原产地美国的进口车及零部件加征关税

日期	发起方	事件简述
2018 年 12 月	美方	美方对中国输美产品加征关税税率提升至 25% 的期限从 2019 年 1 月 1 日推迟到 3 月 2 日
	中方	对原产于美国的汽车及零部件继续暂停加征关税 3 个月,截止日期为 2019 年 3 月 31 日。进口自美国的汽车将与产自其他国家的汽车一样适用 15% 的关税,汽车零部件关税为 6%
2019 年 3 月	美方	美方正式宣布再次推迟对中国输美产品加征关税税率提升至 25% 的期限,具体期限另行通知
	中方	中国国务院关税税则委员会宣布从 4 月 1 日起延长对原产于美国的汽车及零部件暂停加征关税措施,截止日期另行通知
2019 年 5 月	美方	自 2019 年 5 月 10 日起,对从中国进口的 2000 亿美元清单商品加征的关税税率由 10% 提高到 25%
	中方	自 2019 年 6 月 1 日 0 时起,对已实施加征关税的 600 亿美元清单美国商品中的部分,提高加征关税税率,分别实施 25%、20% 或 10% 加征关税。对之前加征 5% 关税的税目商品,仍继续加征 5% 关税

（三）全球市场迎来拐点，零部件企业亟待转型

全球汽车市场正迎来拐点，或进入负增长阶段，存量市场竞争加剧。LMC Automotive 数据显示，2018 年全年全球整体轻型车销量达 9479 万辆，同比下降 0.5%，为 2009 年起全球销量首次同比出现下滑。2018 年，全球主要汽车市场中，印度、美国、日本、法国、西班牙同比微增，其中，印度首次成为全球第四大汽车市场，2018 年增长显著；美国减税措施刺激了需求增长，2018 年新车销量同比增长 0.3%，达 1727.4 万辆；日本 2018 年新车销量 527.2 万辆，同比增长 0.7%。中国、韩国、德国、英国、加拿大等多国销量下降，降幅分别为 2.8%、0.3%、0.2%、6.8%、2.6%。长期以来，由于全球主要车企均以世界市场规模扩大为前提新建工厂，增速下滑导致可

争夺的市场份额更为有限，优胜劣汰更加明显。随着全球经济增长放缓，贸易争端四起，2018年车市下滑或许只是一个温和的开端，未来汽车市场的竞争形势将更趋严峻。

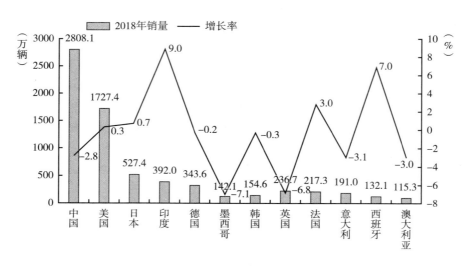

图1 2018年国际主要汽车市场销量概况

资料来源：各国汽车行业组织公布的数据，中国汽研整理。

2018年中国汽车市场出现28年以来的首个负增长，国内汽车市场下行已成为不争的事实。据中国汽车工业协会的统计消息，继2018年全国汽车产销2781万辆和2808万辆，同比分别下降4.2%和2.8%之后，2019年上半年全国汽车产销依旧处于低位运行：2019年1~5月，汽车产销分别完成1023.7万辆和1026.6万辆，产销量比上年同期均下降13%。随着国内汽车存量市场竞争的加剧，整车和零部件企业很可能要经历一轮优胜劣汰，行业整合在所难免，低端产品很难在消费升级趋势下生存，自主品牌企业生存压力剧增，须尽快转型升级，早日迈向中高端，形成新的竞争优势。

降低汽车进口关税，取消汽车行业外资股比限制等政策的实施，必将激发中国汽车产业创新活力，加快中国汽车产业转型升级、提质增效进程，改变中国汽车产业的竞争形态。全面放开整车股比限制进入实质化操作阶段，国内整车市场国际化进程加快，整车企业对零部件技术的要求会越来越高。此前受合资关系影响，多数自主零部件企业（非核心领域）以关系型居多，在股比放开政策的推动下，关系型企业会逐步减少，实力型企业将明显获益。诸如宁德时代、精进电动等新兴领域的自主领军企业会更易被培养成重大龙头企业。现阶段，国内汽车零部件行业出口贸易中，以劳动密集型、中低技术含量传统产品为主，高技术含量零部件虽有一定进展，但关键领域和关键技术仍受发达国家零部件企业控制。新政策对"鲶鱼"的引入，将激活大国企、大集团的发展动力，激发创新要素，促使汽车整个行业的自主创新和转型升级。

（四）汽车"四化"助推中国零部件企业融入国际市场

在电动化、智能化、网联化、共享化汽车"四化"趋势的带动下，国内外零部件企业加速变革，重新寻找自身定位。国内巨头零部件企业在海外收购的基础上逐步深耕产品和技术的本土化发展。数据显示，在中国零部件百强企业中，约21%的企业海外建厂，11%的企业在海外设立研发中心。同样，国外零部件巨头加速针对我国电动车市场、智能网联市场的布局，且多为"强强联合"。如采埃孚和北汽集团子公司海纳川筹备成立电动汽车合资企业，为中国市场生产电动汽车部件；华域汽车与麦格纳共同开发电驱动系统等。另外，国际巨头零部件企业将加大对中国市场的投资建设，例如，博世首个智能化助力器项目落户南京；麦格纳与北汽新能源合资电动汽车零部件项目；2019年李尔位于上海的全新的亚太和中国总部及技术中心也将正式启用。

汽车产业变革推动了零部件领域新势力的崛起，为我国零部件产业进入国际市场提供良好时机。例如，新能源汽车市场的繁荣发展助

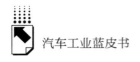

推国内动力电池行业发展，2016～2018年中国动力电池出货量分别占到全球的65%、62%、59%，其中电池巨头宁德时代已经具备全球竞争力：产品方面，2018年装机量超过松下，排名全球第一；客户方面，深度绑定国内主流电动车企，并加速竞标全球订单，先后与宝马、戴姆勒、大众等合作。预计在未来新型汽车"四化"的浪潮下，汽车电子行业、精密器件制造以及汽车智能化零部件制造等行业将有较大的发展空间。汽车零部件产业是我国走向汽车强国的根本要素，汽车"四化"提供的"换道超车"的机会似乎不仅限于整车生产领域；换言之，未来中国汽车产业的变革或许将从供应商开始。

二 现状和主要问题

近两年，中国品牌汽车零部件国际化发展虽然小有成效：产品出口贸易稳步发展，企业海外投资积极理性，新兴领域的龙头企业表现亮眼等，在全球范围内的影响力得以提升，但大多企业还未实现全球化战略布局，产品、技术和品牌等方面的不足制约着中国品牌零部件"走出去"，制约着我国零部件产业的进一步发展。

（一）企业积极开拓海外市场

1. 出口贸易稳定发展

出口贸易发展稳定是中国零部件得到国际市场认可的重要体现。近年来，我国汽车零部件的出口一直是汽车产品出口的主要组成部分。国际市场对中国品牌汽车零部件的认可度较高，产品可替代性不高。据海关统计数据：2014年以来，我国汽车零部件制造行业出口额维持在600亿美元以上，占全部汽车产品出口总额的比例维持在75%以上，是汽车产品出口的绝对主力。2018年1～9月，我国全部汽车产品出口额525亿美元，同比增长14.8%。其中，汽车关键件及零部件出口 404.7 亿美元，占比 77.1%，同比增长 12.8%。零部件出口贸易区域呈现以发达国家为主、新兴市场及发展中国家为辅的局面：从近三年的出口贸易数据来看，美国、日本和韩国始终位居前三，出口额总计占比约为 40%。其中美国一直是我国汽车零部件出口的第一大市场，近三年内，对美零部件出口贸易金额均超过 160 亿美元，占总出口贸易额的 25% 以上。2018 年 1～9 月对美出口额为 122 亿美元，占总出口额的 30.2%。与此同时，中国汽车零部件企业对中东、南美、非洲等一些新兴市场的开拓也取得了成效。在我国"一带一路"倡议促进和东盟签订的汽车零关税协议下，近几年我国汽车及零部件企业在东盟出口贸易增长显著。

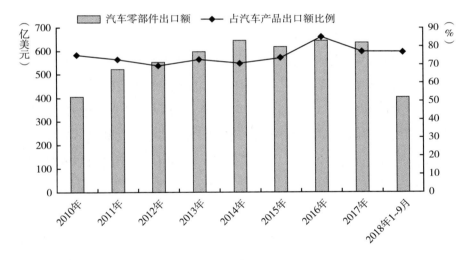

图 2　汽车零部件出口额及占比

资料来源：中国汽车工业协会。

我国汽车零部件出口的产品依旧以劳动密集型、材料密集型的低附加值产品为主，以功能件为主体的出口产品体系正在形成。按出口产品附加值和国际竞争力来看，目前，出口贸易中占比最高的仍为品牌附加值低、性价比高的产品，包括底座、保险杠、线束、玻璃、刹

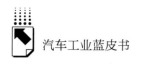

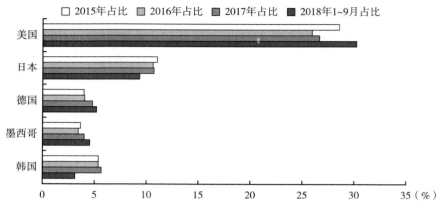

图3　2015～2018年我国汽车零部件出口国前五名

资料来源：中国汽车工业协会。

车片、离合器、散热气、消声器、万向节等，而关键总成和核心零部件在出口贸易中占比依旧较低。近三年，我国零部件的出口产品类别中，排在前三位的行驶系统、汽车电子电器、车身及附件，总计占全部零部件出口的比例约为60%。在行驶系统中，轮胎的出口额占行驶系统出口总额的60%以上，占汽车零部件出口总额的15%以上，是零部件产品出口的主力军。以美国为例，我国对美出口汽车零部件中，行驶系统（轮胎和轮毂）占比高达50%以上。

2. 海外投资渐成趋势

相对于产品的出口贸易而言，海外投资（直接投资和跨国并购等）可直接或间接地提高企业国际知名度、国际美誉度、国际满意度，推动我国汽车零部件全球化发展战略的实现。

在全球汽车市场不景气的背景下，国际巨头零部件供应商纷纷将传统业务分割进而转型新兴技术领域，或为中资零部件企业投资并购创造良好条件。根据晨哨研究部统计，2018年全年，汽车及零部件行业一共发生21宗跨境投资和并购交易，其中17宗为2018年新增交易，4宗交易于2017年宣布，但在2018年完成交割（吉利38.5

亿美元收购沃尔沃集团 8.2% 股权，郑煤机收购博世传统电机业务，均胜电子收购德国 Quin GmbH 剩余 25% 股权，青岛双星收购锦湖轮胎）。2016 年以来，中国汽车产业海外并购的标的所属行业多为汽车零部件企业。其中，2018 年与汽车零部件相关的海外并购共有 18 宗交易，较 2017 年发生的 20 宗海外并购数量下降。

中资汽车零部件海外并购企业多为上市公司，并购标的为传统汽车零部件业务。均胜电子、潍柴动力等国内巨头零部件企业通过对国际一线品牌的并购，提升行业竞争力，完成其全球化战略布局。新能源、智能汽车等新兴技术领域的迅猛发展吸引了越来越多的企业和资金，部分中资零部件企业也开始转向新能源领域的标的选择。例如，潍柴动力收购加拿大燃料电池企业巴拉德电力系统，远景能源收购日产汽车电池业务，启迪国际收购英国泰利特（Telit）车载通信业务等。传统海外汽车零部件巨头积极开展在网联化、智能化、轻量化相关的产品和技术投资，相比而言，中资传统汽车零部件企业尚处于"追赶"阶段，现阶段海外投资的主要逻辑为如何快速进入主流外资厂商的配套体系。虽然中国的汽车零部件企业在传统的零部件业务上依然有着转型升级的需求，但在智能化、电动化、轻量化成为汽车产业发展的趋势下，中国汽车零部件企业未来的主要并购方向也将会逐渐聚焦到智能和电动领域。

表 2　部分零部件企业海外并购事件

企业	并购事件简介	涉及领域
中鼎股份	2015 年收购德国 WEGU（欧洲汽车抗震降噪技术方面的主要领跑者之一）	底盘系统
	2016 年收购德国 AMK（空气悬架全球前三）	空气悬挂及电机系统领域
	2017 年并购德国 TFH 公司（发动机/新能源汽车电池冷却系统供应商,全球排名前三）	冷却系统领域

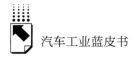

续表

企业	并购事件简介	涉及领域
均胜电子	2011 年,并购德国普瑞公司、德国伊玛和德国群英	汽车电子
	2016 年,并购全球领先的汽车安全供应商美国 KSS 和国际智能车联技术专家德国 TS	汽车安全和智能驾驶领域
	2018 年收购日本高田公司(全球第二大安全气囊生产商)	汽车安全领域
潍柴动力	2009 年公司并购法国博杜安公司	发动机业务
	2012 年战略重组德国凯傲集团和林德液压业务	液压控制系统
	2016 年,凯傲集团收购了美国德马泰克公司	工业自动化
	2017 年投资美国公司 PSI 进入北美动力系统市场	动力系统
郑煤机	2018 年收购博世启停电机和发电机业务	传统电机业务

龙头零部件企业海外投资趋于理性,注重技术和研发的战略布局。统计数据显示,从 2016 年开始,汽车领域的中国企业绿地投资数量和投资金额均回升;在投资项目上,研发中心和搭建本地营销网络的投资力度加大;在投资方向上,汽车零部件企业的海外并购倾向于战略性驱动,交易更趋理性,从"以产品出口为导向"向"以价值链优化为导向"的阶段进行转变。如均胜电子经过数轮海外并购,从一个普通低端塑料功能件业务公司成长到汽车中控台的技术领先者,企业营收实现跳跃式增长,并拥有智能 HMI、自动驾驶、ADAS、BMS、智能车联等新兴产品技术,实现对宝马、福特、大众的电子核心产品配套。

表3 国内典型汽车零部件企业全球化布局

企业	全球化产业布局
潍柴集团	在德国、意大利、法国、美国建立了全球运营中心; 在印度、缅甸、埃塞俄比亚和白俄罗斯等国家设立了发动机生产基地;在新加坡、俄罗斯、阿联酋、土耳其等国设立贸易公司; 在 30 多个国家建立了办事处,发展了 300 余家授权服务站

企业	全球化产业布局
华域汽车	在美国、德国、泰国、俄罗斯、澳大利亚、捷克、斯洛伐克、印度、墨西哥、加拿大、南非、日本、西班牙、意大利、巴西、爱尔兰、马来西亚、印度尼西亚等国家设立有 93 个生产制造（含研发）基地
北京海纳川	在美国、墨西哥、巴西、荷兰、斯洛伐克、波兰、韩国、日本等国家设立有 19 个生产制造（含研发）基地
均胜电子	在亚洲、欧洲和美洲都设有主要研发中心和生产基地，在 30 个国家拥有员工超过 5 万人
福耀玻璃	在美国、德国、俄罗斯、日本、韩国等国家设立生产制造（含研发）基地
宁波华翔	公司已建立欧洲、北美、东南亚多个生产基地
玲珑轮胎	公司目前在全球拥有 6 个研发机构、6 个生产基地（欧洲工厂建设中），营销网点 30000 多个，在国内外设立 4000 多家品牌店
中鼎股份	设立了欧洲研发中心和美国研发中心，在德国、法国、瑞士、奥地利、美国等国家设立 12 个生产基地

（二）面临的主要问题

1. 政策扶持需要完善

现阶段我国零部件企业的全球化发展不均衡，国内龙头汽车零部件企业采用兼并重组、海外并购、股权合资、合资合作等方式，加速拓展并融入世界零部件采购体系。同时国内大部分零部件企业国际化发展显得极为缓慢，更多的是局限在"本土作战"，数据显示国内零部件百强企业中，仅有 20% 左右拥有海外生产基地，10% 左右拥有海外研发中心。零部件全产业链的国际化战略布局仍需要政策的引导和支持，以规范零部件企业的国际化秩序，最大限度地保护汽车零部件的国际品牌形象。

虽然针对中国企业"走出去"战略，政府相关部门已经出台了系列政策，但并未形成完整的对外投资政策保障体系，需要国家层面

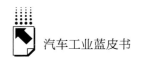

的进一步统筹规划和整体推进。针对我国汽车零部件企业"走出去"过程中遇到的共性问题，比如，金融体系不够健全，仅靠企业的落实推动并不能改变当前总体局面。对于汽车零部件企业来说，中国的金融机构为企业发展提供了资金支持和保障，但是政策、金融与自主品牌的对接总是不能令人满意，我国现有的金融体系在企业国际业务拓展中的信贷和资金支持、外汇收益、所得税及关税等方面仍须完善。

2. 国际化管理需要加强

我国汽车零部件企业的国际话语权不够。在产品贸易方面，虽然我国汽车零部件出口金额稳步增长，在全部汽车产品出口中所占的比例也逐年上升，但是汽车零部件的出口仍然以劳动密集型、中低技术含量产品为主，高技术含量的零部件出口有一定的发展，但绝大部分的核心技术仍掌握在国际大型零部件生产商手中。我国汽车零部件产品的技术储备较少且开发能力弱，完全拥有知识产权的出口产品很少，此类技术上的弱势决定了我国汽车零部件出口话语权不够。在海外投资领域，我国汽车零部件企业态度主动，资金实力更强，但如何实现国内外资源的有效整合是中国企业最头疼的一大难题，中外双方在管理理念和方式上的差异，中外文化及价值观的不同等都会影响后续企业的发展。

汽车零部件企业的国际化布局需要企业提升管理能力。在企业的组织和管理形态方面，汽车零部件企业在与跨国企业合资合作过程中，吸收了大量优秀的管理方式方法，例如，6σ管理体系、丰田精益管理、5S管理等，但是与国际发达国家先进管理方式相比仍存在差距。另外，因为汽车零部件企业国际化业务尚处初级阶段，管理体制、管理经验更为适应中国的国情和产业发展现状，企业国际化战略实施中所需要的国际运营团队、国际业务管理、跨文化管理等环节依旧较为薄弱。尤其在汽车零部件企业进行海外并购后的整合管理中，企业的国际化管理水平直接决定海外投资行为的达成效果，因此，汽车零部件企业需加强国际化管理。

3. 风险管控有待提升

汽车零部件企业海外并购虽然充满机遇，但风险同样不容忽视。其一是来自国家和地区监管部门的审批风险。全球经济形势的走向以及各国政府的外交、投资政策变化直接决定了海外并购能否顺利进行，尤其是中国企业参与发达国家企业的并购更容易遇到来自被收购方监管部门设置的门槛。其二是来自被收购方的债务、权属风险。被收购方出售资本往往附带必要的债务或相关抵押合同，而随着当地经济政策变化，合作伙伴提出相应诉求，相关财务风险可能会在收购完成后被明显放大，致使企业营收远不如预期。其三是整合过程中的经营体制和文化的冲突风险。国内企业和外国公司在经营模式、企业内部运营管理系统等方面存在很大差异，双方需要在战略规划、资源配置、管理等层面进行多方融合，很多企业在融合过程中由于迟迟无法实现协同效应，大大降低了收购预期。其四是跨国经营和汇率风险。从商品出口到海外建厂，再到海外并购，中国零部件企业时时刻刻都面临着汇率波动的巨大风险，经受着跨国经营能力的巨大考验。2018年以来的国际贸易争端已经使不少零部件企业出现了巨大的汇兑损失，严重影响企业的盈利。目前，虽然大部分境外投资企业建立了风险管理组织和制度，但距离建成完善的海外投资风险管控体系还有一定的距离，风险意识和应对海外风险的能力有所提高，但仍有待加强。

4. 成本优势减弱，技术和品牌优势尚未形成

在全球化采购体系下，中国零部件企业成本优势正在逐渐减弱。当前，我国劳动力、土地、原材料等成本不断上升，能源及环境问题突出，印度等部分新兴市场国家产业发展优势显现，均对我国汽车零部件产业的传统优势提出挑战。与此同时，我国零部件企业技术积累和研发不够，依靠合资合作进行技术追赶的传统方法受到限制和打

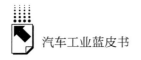

压，加大了我国零部件企业的成本投入。另外，发达国家对制造业的政策转变，减弱了我国零部件制造业在部分地区的成本优势，对部分中高端零部件制造业的引流，进一步挤压我国零部件制造业的生存空间。在国内经济增速换挡、产业结构调整、市场需求增长趋缓的背景下，中国汽车零部件企业依靠成本优势打市场的方式已经不再适用。

我国零部件企业自主创新能力不足，关键和核心技术有待进一步突破。乘用车领域，电喷系统、发动机管理系统、涡轮增压器、ESP、EPS 等高附加值零部件市场多由外资企业占据，在智能网联汽车等新兴领域的竞争中各中国品牌零部件企业同样不具优势。另外，出于提升整车竞争力的考虑及长期以来形成的合作关系，外资零部件企业已成为我国各整车企业开展采购业务的主要伙伴，据统计，中国品牌整车企业购买外资品牌零部件占其采购总额的 52% 以上。与此同时，我国零部件企业的研发投入及自主研发创新力仍不足，更为追求短期效益，加之在生产、管理和人才等方面的缺失，导致我国和外资企业的技术发展差距越来越大。

中国汽车零部件的品牌竞争力普遍较弱。中国对品牌的重视程度起步较晚，历来以"制造大国，品牌小国"的形象展现在国际市场。自主产权与核心技术的缺失导致中国整车和零部件企业品牌价值不足、认可度不高和竞争力低下：2018 年 12 月，世界品牌实验室发布的《世界品牌 500 强》榜单中排名第一的行业依然是汽车与零部件行业，按照数量排名依次为日本、德国、美国、英国、法国、意大利、韩国和瑞典。2018 年 5 月，美国《福布斯》杂志发布 2018 年全球最具价值品牌 100 强排行榜，苹果第八次夺冠，品牌价值达到 1828 亿美元，而中国仍然只有华为一家公司上榜，排名第 79，品牌价值仅为 84 亿美元。与西方相比，中国品牌差距非常明显，汽车零部件品牌的国际化拓展道路困难重重。

三 目标和重点任务

（一）战略目标

统筹利用两种资源、两个市场，引导企业提高国际竞争力，推动汽车零部件产业全球化布局。到 2025 年，形成一批具有较强国际竞争力的跨国公司和产业集群，在全球产业分工和价值链中的地位得到明显提升。

国际化战略布局。汽车零部件企业应该立足自身需求，提升企业国际竞争力和发展能力，充分利用全球的市场、技术、人才、工厂等资源，达到企业预期战略目标。

有效的风险管理。汽车零部件企业的海外投资应该从企业战略出发，并充分考量行为实施前的决策风险、实施过程中的操作风险以及行为后整合过程中的"不协同"风险，以对投资行为做出全面评估。

国际化品牌打造。企业不断追求卓越品质，形成具有自主知识产权的国际名牌产品，不断提升企业的品牌价值和中国制造整体形象。

（二）重点任务

1. 制定切实可行的国际化发展战略

国际化发展是企业利用两个市场、两种资源实现可持续发展的重要手段。企业国际化发展要从长远考虑进行整体规划，尤其是明确海外核心市场的战略。企业国际化发展不仅是把产品出口出去，还要做好营销和售后服务，适时建立海外营销服务中心，建立海外配件中心等，同时要充分考虑当地政府和民众的需求，了解当地法律法规、风俗习惯以及当地资源，充分利用当地人才、资源，实现本地化发展。企业开展国际化战略前期，应合理评估企业自身，并综合考量宏观的

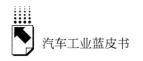

汽车工业蓝皮书

被投资区域环境和微观的被投资企业等因素，或借助国内外优秀中介机构的丰富经验，对海外投资建厂、跨国并购等进入模式各环节存在的问题和可能的变化趋势进行分析预测，对拟投资资金规模和来源、拥有的人才储备、项目的建设和运营周期等进行风险分析，从而提前以全局视角思考并做出相应的战略安排，增强企业国际化战略的科学性、针对性和有效性，降低战略实施过程中的不确定风险。

2. 提升跨国经营管理能力

跨国投资是中国整车和零部件企业实现全球化布局的一种主要方式，主要通过并购或直接投资等方式对国外资源进行整合，拓展了国际市场，提高了企业的销售份额和市场竞争力。并购后的跨国经营管理是企业实现海外投资价值最大化的关键。

经营管理机制和模式需要适时创新。企业战略从根本上决定了中国零部件企业海外投资的大方向，管理机制与模式则在更广泛的操作层面上左右着投资预期效果的达成。就管理模式而言，目前大部分积极走出国门的汽车零部件企业已经建立了较为完善的管理制度、管理方法与管理流程。但是，企业已有的所谓管理规范与组织能力都是在中国特色的制造业成长环境与市场竞争条件下不断积累和形成的，而零部件企业在全球化进程中面对的是基于不同类型的国家文化、更为复杂多变的国际竞争环境与多样的市场运行规则。因此，中国零部件企业在海外投资进程的早期，应积极吸收、学习标的企业管理手段和管理方法，努力形成适合自身情况的、更具创新意义和跨边界拓展能力的新兴企业管理机制和模式。同时，零部件企业需要培养一支具备国际化视野的运营团队，为企业在全球的业务发展提供支撑，也要求企业的治理管控模式能够在经营目标、管理范畴和业务流程上给予海外业务单元合理清晰的支持。

重视投资完成后的整合管理。企业的投资后整合包括市场整合、技术整合、生产运营整合、人力资源整合等几个方面。首先，市场整合是指使双方的产品向双方的市场渗透，巩固原有市场，开拓新市场，以达到市场协同效应。其次，通过技术整合，不仅可以增强双方中技术较弱一方的知识溢出效应，还可以最大限度发挥协同效应，进一步进行技术升级。而生产运营整合是指通过共用工厂或建立新的工厂进行协同生产，最大限度节约成本，发挥生产协同效应。此外，人力资源整合也是并购后非常重要的一个环节。由于公司文化的差异，整合过程中可能会导致沟通交流不利，员工认同度低等问题，因此，很多企业在进行重组时都重视自主经营。尤其是在跨国并购中，被并购方会保留原有组织构架的稳定性，进行本土化经营，而并购方则充分授权，适度管控，以达到人力资源的协同效应。

3. 加强国际投资风险管控

政企合力防范海外风险。《全球投资风险分析报告》指出，在海外投资的中国汽车零部件企业绝大多数都是"摸着石头过河"，对海外经营环境并不了解，也没有成熟经验可以借鉴。当前，全球投资环境错综复杂，传统风险与非传统风险交织，对我国对外投资提出了新的要求。政府层面上，应开放企业与政府职能部门的沟通交流，帮助企业及时了解国家及省市最新外经、外贸、外事、外专政策，引导民营企业更好地"走出去"，提高企业的风险意识和能力。企业"走出去"可能面临各种政治风险、法律风险、安全风险和商业风险等，因此，企业进行海外布局要循序渐进，防范风险，做好战略规划和策略准备。

加强投资风险管控体系建设。面对复杂多变的内外部风险防控形势，企业需构建健全完善的风险防控体系，通过制度流程顶层设计、重点环节防控、提高监管质量和运营水平等有效措施，持续增强企业运营风险防控能力，为企业可持续发展提供坚实保障。另外，中国品牌零部件企业应进一步健全完善风险评估机制，实现对重大风险管理全过程的动态监控，确保重大风险可控在控，并根据全面风险评估结

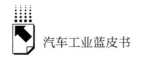

果，对已识别的风险因素进行积极的预防控制，加大对企业薄弱环节的风险防范措施落实整改力度以及重大项目的跟踪指导，以推进公司风险防控体系的扎实运行。国际市场持续疲软，全球资产价格上涨，一些国家提高外资进入安全审查标准等提高了我国企业的海外投资成本，我国企业"走出去"面临的各类风险在持续上升。因此，中国企业在做海外投资风险管控时不仅要强化风险意识，更要加强投资风险管控体系建设，要善于运用海外投资风险管控工具，在投资前就做好项目风险的识别和评估工作，并制定应对措施，最大限度降低风险管控成本。

4. 以品牌战略为核心

借力"中国制造"品牌战略。在全球经济一体化的过程当中，竞争已经不再是企业之间的竞争，而是产业链之间的竞争。以往和当下的中国制造业品牌建设基本上是企业行为，尚未与国家品牌形象形成整合效应。政府应在鼓励企业做好营销传播的同时，制定中国制造业品牌建设和传播的国家战略，并把这一传播战略纳入国家形象传播的总体部署中，进行顶层设计和统筹规划，提出符合中国制造业发展战略的品牌传播战略，用中国国家形象烘托中国制造形象，用制造强国战略展示"中国制造向中国创造转变、中国速度向中国质量转变、中国产品向中国品牌转变"的方向和行动，用中国精神、中国智慧诠释中国制造的优良品质，用中国的现代化建设说明中国制造的科技创新。另外，政府应积极、主动地开展中国制造传播活动，为世界提供认识中国制造的多个维度，用中国话语主导权破解西方媒体的话语霸权，让世界全面、客观、理性地评判中国制造，维护中国制造品牌形象。

注重国际品牌形象塑造。中国品牌的国际扩张是整车和零部件企业长远发展的战略决策，而不应是只为增加短期收益而采取的战术行动，因而中国品牌要"走出去"，要赢得尊重，必须踏踏实实地经营，长期投资，大力投入，注重国际品牌的全方位塑造。企业品牌建设是一个系统工程，需要精心策划的国际品牌定位和多层面多角度的传播策略。同时，如何以整合营销传播在每一个有效的"接触点"来加强对品牌的感知成为现实的需要，企业品牌推广从售前宣传到购买体验再到售后服务与沟通，每个环节都对品牌的建设至关重要。除此之外，企业还需要完善社会责任平台，树立良好的企业公民形象，通过积极参与包括环境保护、志愿公益、帮扶帮助弱势群体、支持文化教育事业等活动，更多地履行社会责任，建立与本土社会的信任机制，不断强化品牌在社会各界心目中的正面形象。

加强品牌战略管理。我国零部件企业的品牌建设与管理较弱，品牌认可度均不高。部分零部件企业虽已经开始有意识地进行品牌管理，但较少企业能做到将品牌的建设和维系提升至战略高度，更缺乏清晰的品牌国际化战略。与国际企业发展品牌讲求建立清晰的品牌发展战略，以牢固的品牌形象来获取长久利润和竞争优势的做法不同，中国企业在品牌的打造上，往往战略短视，重战术，轻战略，重短期效应，轻长期发展。国内更多的零部件企业由于生产规模小，生产技术水平落后，产品范围狭小，因此市场竞争力较弱，难以形成知名的品牌，即使在一定范围内产生了品牌效应，缺乏有效的品牌战略管理，往往导致品牌战略的失败。现阶段，我国虽然是汽车和零部件生产大国，但本土零部件企业主要供应中国品牌车企，且被替代可能性较高。中国品牌低成本优势逐渐丧失，生存空间受到更多挤压，必须进行深层次的转变，汽车及零部件企业品牌建设与管理已经进入攻坚阶段。

5. 坚持自主创新战略为驱动

中国汽车零部件核心技术缺失，产业"空心化"格局亟待改善。中国汽车零部件产业普遍具有"散、小、乱、差"的特点，技术创新是一种高成本的风险投资，存在很多不确定性，需要建立相对完善的"官、产、学、研"的联合技术创新体系。国家层面，需要积极制定和完善相关技术创新政策，将企业技术创新纳入法治化轨道，以

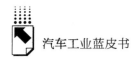
引导和支持零部件企业开展技术创新活动。地方政府层面，需要根据中央政府有关技术创新的政策法律，及时制定出台符合地方特点的实施细则，为零部件企业的技术创新提供全方位、多层次的服务。在企业自身层面则要积极建立内部技术研发机构主动与其他同类企业、科研机构和高校进行技术探讨与合作的机制，强化对企业内部技术研发人员的培训，积极强化对引进技术消化吸收方面的作用，增强技术再创新能力。

企业自主创新是一个从研究开发，经新技术的产品化、工程化，再到生产制造和市场实现的价值创造和价值实现过程。企业只有形成了独到的自主创新能力，从而形成企业自身的核心竞争力，才能创造出核心的价值，实现企业的可持续发展。改革开放以来的"以市场换技术"的战略，使国内汽车及零部件市场份额被外商占据，且仍有不断提高之势。在此过程中，国内零部件企业接受的先进生产技术却少之又少，同时是以中国国内资源及环境严重消耗作为代价的。我国企业应当转变发展战略，借鉴国际巨头零部件企业的成功发展经验，以自主创新战略为新的驱动力，构建企业自身的自主创新能力，并成功摸索出一条适合中国企业自身发展的创新道路，以"自主创新、重点跨越、支撑发展、引领未来"的指导方针，结合《中国制造2025》国家政策，勇于加大自主创新力度，增强国际核心竞争力，为实现成为国际强大跨国企业而努力。

四　相关建议

（一）政府层面建议

1. 健全法规及政策体系

中国汽车零部件企业对外直接投资发展仍处于初级发展阶段，政府的政策制定与职能支持对其战略制定产生重大影响。企业对外直接投资发展过程中，政府应从整个国家的全局出发，制定明确的政策导向，推动企业对外投资发展，创造良好的外部发展环境，提供必要的帮助和支持。在政府的政策制定方面，应加强科学立法和严格执法，集聚国内优秀汽车零部件产业专家人才等资源，科学拟定国家层面的汽车零部件产业海外发展政策和规划，匹配相对清晰、具体的指导性规范或措施，指导汽车及零部件企业长期的对外投资发展。在政府的职能支持方面，应做好企业对外直接投资发展的各项服务工作，为企业海外发展营造良好的经营环境，包括在国际外交方面积极开展各区域经济贸易合作谈判，解决贸易壁垒问题，解决"中国威胁论"的顾虑问题，促进对外投资协议达成等。

2. 改善产业环境

政府要积极推进体制机制创新，为打造汽车零部件国际品牌提供良好政策环境。首先，创造公平与效率兼备的、有活力的、完善的市场经济制度环境，努力打破地方保护主义和制度障碍，促进竞争，健全和维护市场交易规则和秩序，使我国汽车零部件企业在内外竞争机制的共同作用之下，通过优胜劣汰依靠自身能力的提升成长为大企业集团，培育出一批国际品牌。其次，为具有关键技术的中小企业、研发机构提供更多的政策支持，尤其是新兴技术领域的企业和机构，以促进汽车零部件关键技术的突破，增加在国际市场的话语权。最后，完善法律法规体系和执法监督体系，并加大执法力度，严厉打击对企业的商誉、知识产权、专利技术等方面的侵权行为，创造有利于企业发展的良好法律环境，维护企业的合法权益，促进零部件企业品牌核心力的提升，为企业国际化打下基础。

建立良好创新生态系统，为汽车零部件产业的技术创新营造良好环境。关键基础材料、核心基础零部件、先进基础工艺、产业基础技术是我国汽车零部件产业发展和质量提升的技术瓶颈，要解决这些问

汽车工业蓝皮书

题，仅仅依靠增加创新投入远远不够，还要不断完善汽车零部件产业的科技创新生态系统。一是着力消除创新链中基础研究和产业化应用之间的断裂或脱节，提高科技创新成果转化率；二是构建科技创新网络，提高创新生态系统开放性、协同性，促进信息、人才和资金在各类创新主体间高效流动，形成开放合作的创新网络和形式多样的创新共同体；三是积极建立有利于各类企业创新发展、公平竞争的体制机制，尤其是为中小企业创新能力提升创造更好条件；四是加强各层次工程技术人员的培养，尤其要重视提高技术工人的创新能力。

3. 完善国际化服务平台

中国品牌企业的国际化拓展，面临着复杂多变的国际环境和不可预知的各类风险，加之欧美等部分国家对中国企业海外投资限制和封锁加严，因此政策上的指导、支持和协调对汽车零部件企业的国际化战略实施意义重大。建议协调组建行业交流及跨界协作平台，定期更新发布对外投资合作国别指南，推行对外投资合作的相关政策法规、业务管理等的培训，为企业"走出去"提供政策信息、法律法规、技术咨询等多功能服务。另外，应梳理汽车零部件相关产业链上下游及关联企业，整合产业资源，以知名企业为核心形成相关行业的集聚发展，促进企业间信息、技术、资金等要素资源的交流合作。

完善对外投资政策保障体系。目前，随着中国企业对外投资的迅速发展，政府已着手优化对外投资的政策环境，修订了境外投资管理办法，制定了更为便利的投资审批流程。但是对外投资的中期和后期政策仍处于长期缺失状态，对于国内零部件企业逐步升级的对外投资，应提前布局筹划进入中后期发展阶段的相关政策保障体系，如组织编制系统的对外投资指南，从全局的角度构建对外投资各个阶段的法律规范和实施细则，明确各个主体的主要职能和发展任务，纳入鼓励政策、限制机制、监督办法等文件内容，构建起对外直接投资的事前审批、事中监管、事后总结与指导等系统性的政策保障体系。

构建多元化的金融支持体系。一是构建更加开放的金融服务机制。促进金融机构针对零部件产业领域对外合作的需求和特点，主动创新金融产品和服务方式，加快拓展和优化境外服务网络，为我国零部件企业"走出去"和重点国际合作项目提供境内外一体化金融服务。二是加强与国际金融机构和各国政府、企业、金融机构在零部件产业领域的多层次投融资合作。建立健全零部件产业"走出去"协调服务机制，提升融资、信保等服务保障，更好地支持我国零部件产业对外投资项目。三是鼓励和支持融资模式创新。发挥我国的市场调节作用，将全球资源进行整合配置，鼓励我国零部件企业并购或重组国际企业，为我国零部件市场国际化化提供支持。

（二）企业层面建议

1. 建立海外投资战略联盟

世界汽车产业在经济全球化的过程中，推动了发达国家企业之间结合自身的优劣势和发展诉求，建立起的优势互补、利益共享的松散式网络化联盟。战略联盟是企业在长期跨国经营发展过程中，形成的一种有效的资源互补、优势互补发展，形成合力以共同应对多变的市场竞争环境的组织模式。中国汽车零部件企业当前处于对外投资发展的初级阶段，应加强协同合作，增加自身的竞争实力。中国汽车零部件企业可以寻求与发达国家企业或国内企业相互参股或达成战略联盟，联合进行对外直接投资，实现优势互补，避免无序竞争。此外，中国汽车零部件企业对外投资不只是资本和产品的输出，也是带动整个汽车产业链内各相关产业分工体系的国际转移。中国汽车零部件企业对外投资过程中应加强上下游相关产业协同，联合拓展海外市场，形成规模经济优势，降低单一企业对外直接投资所面临的个体风险。

2. 提高企业核心竞争力

企业要增加研发投入，提高产品核心竞争力。现阶段我国汽车出口产品结构不尽理想，以劳动密集型、资源型产品为主。企业应积极调整发展方向，不断提升产品技术含量，重点支持高附加值、低排放、低污染汽车产品出口，特别是节能环保型汽车产品的出口，同时企业要借鉴丰田、本田等著名企业的宝贵经验，坚持理念创新、技术创新、市场创新和方法创新，加快技术改造。企业要用长远的战略眼光进行品牌建设，树立正确的品牌意识，强化创新意识，重视品牌管理工作；应充分考虑品牌定位，深层次地挖掘自己独有的品牌精髓，形成个性鲜明的、具有独特的差异性优势的品牌。在品牌的树立、再造、拓展上应认真进行战略研究，学习跨国公司品牌管理的经验，培养精品意识，从产品质量、售后服务、营销推广等多方面来共同塑造品牌，不断扩大品牌的知名度和美誉度，不断提升品牌形象。

3. 注重国际化人才管理

在汽车产业全球化发展背景下，我国人才发展面临诸多挑战，高端人才流失严重，国际化人才比例偏低，即使最有优势的长三角地区也与国外有较大差距。建议零部件企业在人力资源发展团队建设的策略上，逐步建立海外人才选拔标准，组建以政策法规技术专家、市场管理专家、语言专家、产品专家为核心的团队，分阶段选拔和培育海外市场人才。企业管理团队，甚至是领导团队的国际化非常重要，可以发挥外籍人士、海外华侨华人以及留学生力量，扩大国际化人才在高级管理层次的比例，充分调动全球资源，开展更加开放、更加多元的国际化合作，以吸收高级国际化人才。另外，企业国际化战略的实施，需针对海外国家政策法规的特殊性进行人力管理合作的模式调整，在人力资源管理方面积极探索并逐步落地实施，为企业海外人力资源管理模式开辟新路径。

附　　录

Appendics

B.11
汽车零部件产业相关统计数据

汽车产业总体情况

表1　2018年全国汽车工业统计数据

单位：万辆，%

	产量	同比增长	销量	同比增长
总计：	2780.9	-4.2	2808.1	-2.8
其中:1. 乘用车	2352.9	-5.2	2371.0	-4.1
基本型乘用车(轿车)	1146.6	-4.0	1152.8	-2.7
多功能乘用车(MPV)	168.5	-17.9	173.5	-16.2
运动型多用途乘用车(SUV)	995.9	-3.2	999.5	-2.5
交叉型乘用车	42.0	-20.8	45.3	-17.3
其中:2. 商用车	428.0	1.7	437.1	5.1
客车	48.9	-7.0	48.5	-8.0
其中:客车非完整车辆	3.5	-24.4	3.5	-24.9
货车	379.1	2.9	388.6	6.9
其中:半挂牵引车	47.0	-19.6	48.3	-17.2
其中:货车非完整车辆	52.6	3.3	53.2	16.1

资料来源：中国汽车工业协会。

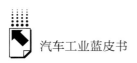

汽车工业蓝皮书

表2　2018年全国新能源汽车工业统计数据

单位：万辆，%

	产量	同比增长	销量	同比增长
总计：	127.0	59.9	125.6	61.7
其中:1. 新能源乘用车	107.0	80.5	105.3	82.0
纯电动	79.2	65.5	78.8	68.4
插电式混合动力	27.8	143.3	26.5	139.6
其中:2. 新能源商用车	20.1	−0.4	20.3	2.6
纯电动	19.4	3.0	19.6	6.3
插电式混合动力	0.6	−58.0	0.6	−58.0

资料来源：中国汽车工业协会。

表3　2003～2018全国汽车保有量统计数据

单位：万辆

年份	2003	2004	2005	2006	2007	2008	2009	2010
年汽车保有量	2383	2694	3160	3697	4358	5100	6281	7802
年份	2011	2012	2013	2014	2015	2016	2017	2018
年汽车保有量	9356	10933	12670	14598	16284	19400	20500	24000

资料来源：中国汽车工业协会。

表4　2018年1～12月汽车零部件制造业主要经济指标汇总

指标名称	单位	本期累计	同期累计	增长率（%）	增长额/提高百分点
企业单位数	个	13019	—	—	—
其中:亏损企业	个	2222	1815	22.42	407
主营业务收入	万元	337411247	323811998	4.20	13599249
主营业务成本	万元	283931148	270983083	4.78	12948065
营业费用	万元	7611437	7425224	2.51	186213
管理费用	万元	21325760	19432293	9.74	1893467
财务费用	万元	2203605	2055486	7.21	148119

指标名称	单位	本期累计	同期累计	增长率（%）	增长额/提高百分点
其中：利息支出	万元	2037458	1777143	14.65	260315
利润总额	万元	25064741	25647703	−2.27	−582962
亏损额	万元	2440853	1647438	48.16	793415
资产总计	万元	322388006	299503010	7.64	22884996
流动资产	万元	193971840	183495143	5.71	10476697
应收帐款	万元	73165805	69736200	4.92	3429605
存货	万元	37013258	34782514	6.41	2230744
其中：产成品	万元	16213008	15659392	3.54	553616
负债总计	万元	176831310	163409912	8.21	13421398
销售利润率	%	7.43	7.92	—	−0.49
成本费用利润率	%	7.96	8.55	—	−0.59
存货周转率	次	7.67	7.79	—	−0.12
流动资金周转率	次	1.74	1.76	—	−0.02
资产负债率	%	54.85	54.56	—	0.29
净资产收益率	%	17.22	18.85	—	−1.63

注：本汇总数据为企业快报数，仅供参考。

表5 2018年汽车行业各小行业实现主营业务收入情况

行业名称	企业数（家）	主营业务收入（亿元）		增长率（%）	增长额（亿元）
		本期	同期		
合计	16417	826310668	803031676	2.90	23278992
汽车整车制造业	599	426718395	420151658	1.56	6566737
改装车制造业	1526	39935868	37396599	6.79	2539269
汽车零部件制造业	13019	337411247	323811998	4.20	13599249
摩托车整车制造业	198	8438065	8138486	3.68	299579
摩托车零部件制造业	1075	13807093	13532935	2.03	274158

资料来源：中国汽车工业协会。

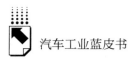

外资零部件企业发展

表6 2018年全球汽车零部件配套供应商百强企业销售额及增长率

单位：亿美元，%

排名	公司	国别	2018年配套营收	2017年配套营收	同比增长
1	罗伯特·博世	德	495.25	475.00	4.26
2	电装	日	427.93	407.82	4.93
3	麦格纳国际	加	408.27	365.88	11.59
4	大陆	德	378.03	359.10	5.27
5	采埃孚	德	369.29	344.81	7.10
6	爱信精机	日	349.99	338.37	3.43
7	现代摩比斯	韩	256.24	249.84	2.56
8	李尔	美	211.49	204.67	3.33
9	佛吉亚	法	206.67	191.70	7.81
10	法雷奥	法	196.83	193.60	1.67
11	矢崎	日	175.00	157.54	11.08
12	松下汽车系统	日	174.66	149.95	16.48
13	安道拓	美	174.00	162.00	7.41
14	住友电工	日	154.02	153.61	0.27
15	延锋	中	145.06	142.78	1.60
16	蒂森克虏伯	德	144.38	125.91	14.67
17	马勒	德	144.05	144.41	−0.25
18	捷太格特	日	130.78	127.09	2.90
19	巴斯夫	德	129.31	121.57	6.37
20	安波福	美	128.69	118.24	8.84
21	萨玛	印	117.65	105.50	11.52
22	博格华纳	美	105.30	98.00	7.45
23	丰田纺织	日	101.53	134.44	−24.48
24	海斯坦普	西	100.96	92.64	8.98

续表

排名	公司	国别	2018 年配套营收	2017 年配套营收	同比增长
25	舍弗勒	德	100.52	107.98	-6.91
26	天纳克	美	100.01	80.23	24.65
27	全耐塑料	法	97.40	95.96	1.50
28	玛涅蒂·马瑞和	意	87.02	92.34	-5.76
29	奥托立夫	瑞	86.78	104.00	-16.56
30	日立汽车系统	日	86.38	90.30	-4.34
31	弗恩基	美	82.43	75.51	9.16
32	康奈可	日	82.08	91.88	-10.67
33	德纳	美	81.43	72.09	12.96
34	本特勒	德	80.60	77.90	3.47
35	小糸制作所	日	79.99	75.00	6.65
36	现代威亚	韩	77.58	70.59	9.90
37	丰田合成	日	76.42	72.81	4.96
38	现代坦迪斯	韩	75.74	78.34	-3.32
39	博泽	德	73.40	70.89	3.54
40	美国车桥	美	72.70	62.66	16.02
41	加特可	日	68.12	69.91	-2.56
42	海拉	德	68.01	54.00	25.94
43	吉凯恩	英	64.50	87.51	-26.29
44	安通林	西	64.08	63.67	0.64
45	埃贝赫	德	54.45	49.48	10.04
46	汉拿系统	韩	53.96	49.39	9.25
47	万都	韩	52.19	51.75	0.85
48	德科斯米尔集团	德	50.60	46.33	9.22
49	日本精工	日	50.10	56.10	-10.70
50	科德宝集团	德	49.06	47.82	2.59
51	恩梯恩	日	47.25	48.60	-2.78
52	尼玛克	墨	47.04	44.81	4.98
53	东京座椅技术	日	44.40	42.58	4.27

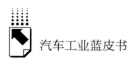

汽车工业蓝皮书

续表

排名	公司	国别	2018 年配套营收	2017 年配套营收	同比增长
54	英飞凌	德	42.10	37.27	12.96
55	东海理化	日	41.87	40.37	3.72
56	国际汽车零部件	卢	41.22	44.00	−6.32
57	利纳马	加	40.68	38.12	6.72
58	伟巴斯特	德	40.49	38.65	4.76
59	邦迪	英	39.83	41.93	−5.01
60	耐世特汽车	美	39.12	38.78	0.88
61	海纳川	中	38.69	37.00	4.57
62	德尔福技术	美	38.63	39.02	−1.00
63	辉门	美	37.86	56.50	−32.99
64	库博标准	美	36.29	36.18	0.30
65	中信戴卡	中	35.80	30.52	17.30
66	西艾意汽车	西	35.78	32.56	9.89
67	日本发条	日	34.31	34.79	−1.38
68	盖瑞特	美	33.75	30.96	9.01
69	陶氏化学	美	32.00	18.39	74.01
70	三叶电机	日	31.62	30.33	4.25
71	伟创力	新	30.00	24.00	25.00
72	伟世通	美	29.84	31.46	−5.15
73	诺贝丽斯	美	29.47	27.76	6.16
74	科世达	德	28.84	28.28	1.98
75	旭硝子	日	28.83	27.75	3.89
76	Piston 集团	美	28.44	16.65	70.81
77	恩坦华	美	28.00	25.00	12.00
78	玛汀瑞亚	加	27.24	29.36	−7.22
79	住友 Riko	日	25.66	37.50	−31.57
80	德昌电机	中	25.41	24.94	1.88
81	考泰斯·德事隆	德	22.85	22.30	2.47
82	欧拓	瑞	22.36	21.83	2.43

242

排名	公司	国别	2018 年 配套营收	2017 年 配套营收	同比增长
83	F－Tech	日	21.19	20.42	3.77
84	奥克宁克	美	21.00	16.90	24.26
85	Bridgewater 内饰	美	19.69	20.10	－2.04
86	敏实集团	中	19.02	17.50	8.69
87	SEG	德	18.67	18.17	2.75
88	利优比	日	18.48	18.05	2.38
89	五菱工业	中	18.12	23.24	－22.03
90	镜泰	美	17.91	17.58	1.88
91	现代凯菲克	韩	17.54	15.53	12.94
92	中鼎股份	中	17.14	16.20	5.80
93	摩缇马帝	加	16.50	13.90	18.71
94	肯联	荷	15.95	12.37	28.94
95	塔奥国际	美	15.71	19.88	－20.98
96	普瑞	德	15.56	14.60	6.58
97	德韧汽车系统	美	14.00	14.30	－2.10
98	欧姆龙	日	13.59	13.88	－2.09
99	Auria	美	11.00	11.00	0.00
100	瀚德	美	10.76	9.94	8.25

资料来源：Automotive News，中国汽研整理。

表7　2018 年全球汽车零部件企业百强分布

单位：家

	美国	日本	德国	中国	韩国	加拿大	法国	其他
个数	25	23	19	7	6	4	3	13

资料来源：Automotive News，中国汽研整理。

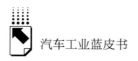

表8　2018年全球前二十强零部件企业研发金额占比

企业	国家	研发费用	研发资金占销售额比例（%）
罗伯特·博世	德国	5963 百万欧元	7.6
电装（截至3月）	日本	4474 亿日元	8.7
麦格纳	加拿大	5.88 亿美元	1.4
大陆	德国	3209 百万欧元	7.2
采埃孚	德国	2158 百万欧元	5.8
爱信精机（截至3月）	日本	1829 亿日元	4.5
现代摩比斯	韩国	8350 亿韩元	2.4
李尔	美国	6.77 亿美元	3.1
佛吉亚	法国	1093 百万欧元	6.2
法雷奥	法国	1560 百万欧元	8.2
松下汽车系统	日本	4489 亿日元	5.6
安道拓	美国	5.13 亿美元	2.9
住友电工（截至3月）	日本	1173 亿日元	3.8
华域汽车	中国	51.3 亿元	3.3
蒂森克虏伯	德国	787 百万欧元	1.8
马勒	德国	751 百万欧元	6.0
捷太格特（截至3月）	日本	553 亿日元	3.8
安波福	美国	11.55 亿美元	8.0

资料来源：Marklines、中国汽研整理。

表9　2018年我国零部件上市公司营收排名前20

单位：亿元，%

企业	营业收入	同比增幅	净利润	同比增长
潍柴动力	1592.56	5.07	86.58	27.16
华域汽车	1571.70	11.88	80.27	22.48
均胜电子	561.81	111.16	13.18	232.93
郑煤机	260.12	244.63	8.32	192.82
福耀玻璃	202.25	8.08	41.20	20.86
玲珑轮胎	153.02	9.94	11.81	12.73

企业	营业收入	同比增幅	净利润	同比增长
宁波华翔	149.27	0.81	7.32	-8.33
赛轮轮胎	136.85	-0.88	6.68	102.54
一汽富维	136.08	6.87	4.95	5.77
中鼎股份	123.68	5.08	11.16	-0.98
凌云股份	122.52	3.44	2.72	-17.82
万向钱潮	113.62	1.86	7.23	-18.03
万丰奥威	110.05	8.13	9.59	6.46
银亿股份	89.70	-29.39	-5.73	-135.81
威孚高科	87.22	-3.28	23.96	-6.82
富奥股份	78.53	9.17	8.82	6.02
亚普股份	78.49	10.94	3.34	-0.37
三角轮胎	75.11	-5.71	4.83	-0.09
得润电子	74.54	27.40	2.61	49.37
贵州轮胎	68.25	-1.93	0.88	139.77

表10　2018年我国典型零部件企业研发金额占比

单位：亿元，%

企业	研发投入	同比增幅	研发投入占营收比例	较17年变动比例
潍柴动力	64.9	15.0	4.08	+0.35
华域汽车	51.3	21.95	3.27	+0.45
均胜电子	29.3	183.46	6.94	+1.33
宁德时代	19.91	22.01	6.72	+1.94
福耀玻璃	8.9	10.49	4.39	+0.10
玲珑轮胎	5.50	7.79	3.59	-0.07
中鼎股份	5.50	20.71	4.45	+0.58
宁波华翔	5.17	38.55	3.47	+0.95
万向钱潮	5.13	5.34	4.52	+0.15
凌云股份	4.16	9.70	3.82	+0.62
威孚高科	4.03	3.05	4.62	+0.28

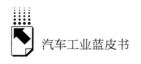

续表

企业	研发投入	同比增幅	研发投入占营收比例	较 17 年变动比例
万丰奥威	3.79	37.49	3.44	+ 0.73
航天机电	3.10	2.66	5.33	—
四通新材	2.84	18.15	4.21	+ 0.37
亚普股份	2.44	14.84	3.11	+ 0.11
东方精工	2.18	67.64	3.46	0.54
富奥股份	2.14	31.58	2.72	+ 0.46
银亿	1.78	− 43.87	8.72	+ 4.50
一汽富维	1.11	36.44	0.82	+ 0.18
交运股份	0.90	9.88	0.94	+ 0.06

资料来源：各汽车零部件公司 2018 年财报，中国汽研整理。

表 11　2018 全球最有价值的 10 大汽车零部件品牌

单位：亿美元，%

企业	排名	所在地	品牌价值	增幅
电装	1	日本	40.76	− 6.3%
现代摩比斯	2	韩国	34.19	− 3.9%
麦格纳	3	加拿大	25.35	3.3%
法雷奥	4	法国	24.50	− 28.6%
舍弗勒	5	德国	14.59	− 18.9%
佛吉亚	6	法国	13.22	− 11.3%
安波福	7	英国	11.46	40.6%
NAPA	8	美国	8.41	− 24.1%
海拉	9	德国	7.48	—
均胜电子	10	中国	7.25	− 29.9%

资料来源：英国品牌评估机构 Brand Finance，中国汽研整理。

表12　2018我国典型零部件企业国际业务占比

单位：亿元，%

企业	国际营收	同比增减	国际营收占比
潍柴动力	642.07	−1.78	40.32
均胜电子	424.77	148.56	75.60
华域汽车	307.05	0.07	20.60
福耀玻璃	83.12	0.26	41.09
中鼎股份	82.95	8.13	67.07
玲珑轮胎	74.48	8.60	49.16
万丰奥威	62.88	1.12	57.14
航天机电	34.41	0.54	51.36
四通新材	34.35	20.87	50.86
宁波华翔	32.83	−18.08	22.00
东方精工	20.27	28.75	30.62
万向钱潮	13.90	14.30	12.24
宁德时代	10.43	244.39	3.53
凌云股份	9.29	28.41	7.57
三环集团	8.09	50.77	21.60
威孚高科	3.83	20.53	4.40

资料来源：各企业2018年财报，中国汽研整理。

B.12
2018年度汽车零部件产业政策法规

政策法规名称	颁布或实施时间	颁布单位	内容要点
《关于支持建设国家新能源汽车技术创新中心的函》	2018.1.11	科技部	建设国家新能源汽车技术创新中心（以下简称中心），是认真贯彻党的十九大精神和全国科技创新大会精神，深入落实习近平总书记关于"支持依托企业建设国家技术创新中心"重要指示的重大举措，对于实施国家创新驱动发展战略和加快建设创新型国家，推动我国由汽车大国向汽车强国迈进和引领世界新能源汽车行业发展，支撑推动北京科技创新中心建设和京津冀协同创新发展等具有重要意义
《国家智能制造体系标准指南（征求意见稿）》	2018.1.15	工业和信息化部、国家标准化管理委员会	进一步贯彻落实《智能制造发展规划（2016～2020年）》（工信部联规〔2016〕349号）和《装备制造业标准化和质量提升规划》（国质检标联〔2016〕396号）的工作部署，充分发挥标准在推进智能制造产业健康有序发展中的支撑和引领作用，针对智能制造标准跨行业、跨专业、跨领域的特点，立足国内需求，兼顾国际体系，建立涵盖基础共性、关键技术和行业应用等三类标准的国家智能制造标准体系

续表

政策法规名称	颁布或实施时间	颁布单位	内容要点
《关于调整完善新能源汽车推广应用财政补贴政策的通知》	2018.2.13	财政部、工业和信息化部、科技部、发改委	根据成本变化等情况,调整优化新能源乘用车补贴标准,合理降低新能源客车和新能源专用车补贴标准。燃料电池汽车补贴力度保持不变,燃料电池乘用车按燃料电池系统的额定功率进行补贴,燃料电池客车和专用车采用定额补贴方式。鼓励技术水平高、安全可靠的产品推广应用
《电动汽车安全要求》	2018.2.24	工业和信息化部	主要是针对电动汽车所特有的危险规定了操作安全和故障防护的要求,并规定了电动汽车电力驱动系统和传导连接的辅助系统(如果有)防止车内和车外人员触电的要求。适用于车载驱动系统的最大工作电压是B级电压的电动汽车
《新能源汽车动力蓄电池回收利用管理暂行办法》	2018.2.26	工业和信息化部等七部委	《管理办法》明确了各相关主体责任,以动力蓄电池编码标准和溯源信息系统为基础,实现动力蓄电池产品来源可查、去向可追、节点可控、责任可究,构建全生命周期管理机制,推动建立完善的标准和监管体系,促进动力蓄电池回收利用健康持续发展。《管理办法》具体包括总则、设计生产及回收责任、综合利用、监督管理、附则5部分,31条以及1个附录,内容主要体现在6个方面

续表

政策法规名称	颁布或实施时间	颁布单位	内容要点
《智能网联汽车道路测试管理规范（试行)》	2018.4.11	工业和信息化部、公安部、交通部	《管理规范》适用于在中国境内公共道路上进行的智能网联汽车自动驾驶测试,包括有条件自动驾驶、高度自动驾驶和完全自动驾驶,涵盖总则、测试主体、驾驶人及测试车辆、测试申请及审核、测试管理、交通违法和事故处理、附则等6个章节,共29项条款、2个附录
《关于降低汽车整车及零部件进口关税的公告》	2018.5.22	国务院关税税则委员会	国务院关税税则委员会印发公告,经国务院批准,自2018年7月1日起,将税率分别为25%、20%的汽车整车关税降至15%,降税幅度分别为40%、25%;将税率分别为8%、10%、15%、20%、25%的汽车零部件关税降至6%,平均降税幅度46%
《汽车后市场用配件合车规范第1部分:塑料保险杠蒙皮及附件》	2018.6.13	中国保险行业协会	本次发布的两项标准在标识、重量、厚度、外观、卡扣、内部连接、操作时间、车辆一致性、间隙面差、安装可靠性等方面对汽车后市场保险杠、汽车照明等装置的合车性能做了具体规定,为后续后市场认证配件的大规模推广运用提供了技术依据。本标准的发布还首次从合车性能方面对国内后市场保险杠、汽车照明等装置进行规范,实现了后市场配件合车要求与国际通行规范的接轨,填补了国内相关自主标准的空白。同时,有利于汽车后市场配件质量的提升和汽车配件市场的规范管理

政策法规名称	颁布或实施时间	颁布单位	内容要点
《汽车后市场用配件合车规范第2部分:车辆外部照明和光信号装置》	2018.6.13	中国保险行业协会	本次发布的两项标准在标识、重量、厚度、外观、卡扣、内部连接、操作时间、车辆一致性、间隙面差、安装可靠性等方面对汽车后市场保险杠、汽车照明等装置的合车性能做了具体规定,为后续后市场认证配件的大规模推广运用提供了技术依据。本标准的发布还首次从合车性能方面对国内后市场保险杠、汽车照明等装置进行规范,实现了后市场配件合车要求与国际通行规范的接轨,填补了国内相关自主标准的空白。同时,有利于汽车后市场配件质量的提升和汽车配件市场的规范管理
《车联网(智能网联汽车)直连通信使用5905~5925MHz频段的管理规定(征求意见稿)》	2018.6.27	工信部	意见稿指出,在5905~5925MHz频段设置、使用路边无线电设备,应向国家无线电管理机构申请无线电频率使用许可。经批准获得频率使用许可后,路边无线电设备的设置、使用单位,应向所在地的省、自治区、直辖市无线电管理机构申请办理无线电台执照手续。未获得无线电台执照的路边无线电设备,不得发射无线电信号,不受到无线电干扰保护。生产或者进口在我国境内销售、使用的车联网(智能网联汽车)直连通信无线电发射设备,应按照有关规定向国家无线电管理机构申请并取得无线电发射设备型号核准证

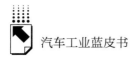

续表

政策法规名称	颁布或实施时间	颁布单位	内容要点
《打赢蓝天保卫战三年行动计划》	2018.7.3	国务院	行动计划提出六方面任务措施,并明确了量化指标和完成时限,其中调整优化产业结构、能源结构、运输结构和用地结构备受关注。调整优化产业结构方面,行动计划明确提出重点区域严禁新增钢铁、焦化、电解铝、铸造、水泥和平板玻璃等产能;要加大落后产能淘汰和过剩产能压减力度;强化"散乱污"企业综合整治
《轮胎电子商务交易服务经营规范》	2018.7.31	商务部	修订完善了交易纠纷处理相关条款。新规规定,轮胎电子商务交易中所销售的轮胎产品应符合产品标准,并获得 CCC 证书,应贴有信息完备的产品标签及轮胎条形码或符合 HG/T 4956 要求的电子标签编码(RFID)。不应销售假冒轮胎、走私轮胎、改标胎、标识不完整的轮胎、不执行理赔服务的轮胎。同时,经营者提供的轮胎产品描述应包括但不限于:规格代号、花纹代号、层级、负荷指数、速度符号、标准轮辋、最大负荷(包括单胎与双胎)、充气压力,所销售的轮胎产品与描述的内容应一致
《提升新能源汽车充电保障能力行动计划》	2018.11.9	发改委、能源局、财政部、工信部	通过开展自愿性产品检测认证、行业白名单制定等工作,配合政府部门严格产品准入和事中事后监督,引导充电技术进步,提升充电设施产品质量和服务水平,强化企业社会责任和行业自律。推动国家充电基础设施信息服务平台建设,加快与国家新能源汽车监管平台的信息互联互通

续表

政策法规名称	颁布或实施时间	颁布单位	内容要点
《汽车售后零部件市场服务规范》	2018.11.29	中国汽车流通协会	规范围绕行业痛点及用户需求,规定了汽车零配件市场服务的基本要求、服务信息、服务场所、服务设施、增值服务、服务监督与改进要求。尤其对汽车售后零部件市场经营者的资质要求、产品安全保证、责任制度、经营行为、商业道德、制度建设、从业人员素质,以及供应、流通、使用、服务等方面提出了系统要求
《国务院关税税则委员会关于对原产于美国的汽车及零部件暂停加征关税的公告》	2018.12.14	财务部	国务院关税税则委员会决定对原产于美国的汽车及零部件暂停加征关税3个月(从2019年1月1日起至2019年3月31日),涉及211个税目
《汽车产业投资管理规定》	2018.12.18	发改委	《汽车产业投资管理规定》自2019年1月10日起施行。我国取消实施多年的汽车投资项目核准事项,全部转为地方备案管理,推动汽车产业投资管理改革取得新突破
《车联网(智能网联汽车)产业发展行动计划》	2018.12.29	工信部	《行动计划》将充分发挥政策引领作用,分阶段实现车联网产业高质量发展的目标。第一阶段,到2020年,将实现车联网(智能网联汽车)产业跨行业融合取得突破,具备高级别自动驾驶功能的智能网联汽车实现特定场景规模应用,车联网用户渗透率达到30%以上,智能道路基础设施水平明显提升。第二阶段,2020年后,技术创新、标准体系、基础设施、应用服务和安全保障体系将全面建成,高级别自动驾驶功能的智能网联汽车和5G－V2X逐步实现规模化商业应用,"人－车－路－云"实现高度协同,人民群众日益增长的美好生活需要得到更好满足

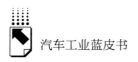
续表

政策法规名称	颁布或实施时间	颁布单位	内容要点
《锂离子电池行业规范条件(2018年本)》和《锂离子电池行业规范公告管理暂行办法(2018年本)》	2019.1.16	工信部	为进一步加强锂离子电池行业管理,推动产业加快转型升级,工信部对《锂离子电池行业规范条件》和《锂离子电池行业规范公告管理暂行办法》进行了修订
《关于进一步完善新能源汽车推广应用财政补贴政策的通知》	2019.3.26	财政部、工信部、科技部及发改委	2019年新能源补贴政策加大了补贴退坡力度,为2020年底完全退出做好铺垫。同时,在政策细则制定上也更加灵活化、市场化。以新能源乘用车补贴为例,在单车补贴金额方面最大降幅超过50%,同时,对续航里程和电池能量密度门槛进一步提升,并放缓了对高能量密度电池的鼓励力度
废止《汽车动力蓄电池行业规范条件》	2019.6.21	工信部	"白名单"的废除,意味着国内的动力电池行业将全面进入"自由竞争"时代,仍然面临严峻的挑战,市场未来会更加开放
《鼓励外商投资产业目录(2019年版)》	2019.6.30	发改委、商务部	包括(1)汽车车身外覆盖件冲压模具,汽车仪表板、保险杠等大型注塑模具,汽车及摩托车夹具、检具设计与制造。(2)汽车动力电池专用生产设备的设计与制造

2018年中国汽车零部件行大事记

序号	事件名称	事件内容
1	山东北汽海华收购德国汽车复合材料供应商IFA	5月,北汽海华成功收购欧洲排名前列的复合材料企业德国IFA Composite GmbH公司75%股权,交易价格为350万～400万欧元。通过收购,北汽海华将掌握复合材料板簧及复合材料汽车结构件量产技术,成功由金属材料板簧转型到复合材料板簧
2	复星收购德国汽车自动化生产线供应商FFT	此前在德国一直以收购消费品和金融公司为主的复星,在2018年也收购了一家德国知名的汽车自动化生产线供应商,FFT GmbH &Co. KGaA。FFT为全球知名的汽车生产商提供柔性自动化生产线解决方案,营业额超过8.5亿欧元。此次收购FFT体现了复星积极投资具有市场领先地位的智能制造企业的战略
3	深圳凯中精密收购德国汽车零部件供应商SMK	凯中将分别以2540万欧元和2820万欧元收购德国汽车零件供应商SMK的所有股权及其位于菲尔德施塔特的所有生产厂房和土地。SMK主要为汽车行业和工业应用研发并生产功能性零部件。2016年,凯中还收购了位于德国罗伊特林根濒临破产的Sideo Vogt公司,并将其更名为凯中沃特
4	上海电驱动与东风实业成立合资公司"东洋电驱动系统有限公司"	在2018年世界经济论坛上,将开展电驱动系统、燃料电池发动机系统、新能源汽车核心电器系统等项目。海纳川与海斯坦普签署协议,将合资组建"轻量化"汽车零部件公司

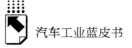
续表

序号	事件名称	事件内容
5	上海保隆科技收购德国汽车传感器供应商 PEX	保隆科技全资收购了德国 PRETTL 集团旗下的 PEX,并且收购了该集团持有的德国 TESONA 的 51% 股权,以推进保隆汽车传感器业务的全球化布局与发展。PEX 是专业的汽车刹车磨损传感器、排气温度传感器、霍尔传感器供应商,客户包括奔驰、大众、奥迪、保时捷等。TESONA 是一家传感器及智能加热系统的设计与工程开发公司。本次收购 PEX 和 TESONA,保隆可以快速拓宽公司的汽车传感器产品线,同时还拥有了欧洲本土成熟的传感器生产基地,从而快速获得欧洲市场的销售、研发和制造资源,实现汽车传感器业务的全球布局
6	哈工智能收购德国焊接自动化技术公司 NIMAK	江苏哈工智能以 8800 万欧元收购了德国家族企业 NIMAK。NIMAK 全球领先的工业焊接设备和解决方案提供商。主要的产品包括机器人焊钳、机器人焊机、机器人涂胶机等自动设备,产品主要用于汽车、家电、航空航天等行业
7	德赛西威收购德国先进天线技术公司 ATBB	11 月,惠州市德赛西威汽车电子股份有限公司宣布收购德国先进天线技术公司 Antennentechnik ABB Bad Blankenburg GmbH(简称 ATBB 公司)。ATBB 是德国著名的天线技术公司,拥有经验丰富、技术领先的天线研发团队,已发展成为欧洲天线市场的领先企业。智能驾驶和车联网对高性能智能天线的需求与日俱增,高性能的智能天线已成为实现车辆信息交互的关键技术。ATBB 的高性能智能天线解决方案,将助推德赛西威智能化战略布局的落地
8	富奥汽车零部件股份有限公司与法雷奥西门子汽车电子德国有限公司签署《谅解备忘录》	双方拟在新能源汽车动力总成核心部件领域开展合作
9	上汽集团与英飞凌合资成立有限公司	上汽集团与英飞凌以 51:49 股比合资成立的上汽英飞凌汽车功率半导体(上海)有限公司正式开业

序号	事件名称	事件内容
10	海纳川分别与海拉、麦格纳公司签订合资合作协议	海纳川与海拉合作范围拓展到汽车电子领域,联手打造海拉电子在中国的第一个合资企业,将建立本土研发中心,形成从天窗、车灯控制单元,座椅控制模块等到车身电子、能源管理等多种汽车电子零部件的研发与制造能力。 海纳川公司与麦格纳联手成立高端车门模块合资企业,组装生产集成了门锁、摇窗等多个部件的门模块产品,未来将形成年供应 30 万辆汽车以上的生产能力,为北京奔驰及中国京津冀地区的客户提供配套供货服务
11	蒂森克虏伯和浙江金固股份有限公司等中国合作伙伴签署合资协议	共同生产轻量化热成型车轮
12	浙江铁流股份收购德国高精密金属零部件供应商 Geiger	铁流以 3800 万欧元收购了德国 Geiger Fertigungstechnologie GmbH 的 100% 股份。Geiger 是一家专注于高精密金属零部件的制造商,能够为客户提供核心金属零部件的研发、设计、制造和销售一体化解决方案。通过此次收购,将有利于铁流开拓高端汽车零部件客户,延伸公司产品线,加强欧洲市场供应能力,积极参与国际化市场竞争
13	宁波继峰收购德国汽车座椅及内饰供应商 Grammer	截至 2018 年 9 月,继峰已经持有德国上市公司 Grammer 约 85% 的股份。Grammer 是全球知名商用车座椅及乘用车头枕扶手供应商,2017 年公司营业额约 17.9 亿欧元。通过收购,继峰产品品类将进一步延伸;在客户结构方面,Grammer 将为继峰带来丰厚的商用车客户资源;在地域布局方面,Grammer 业务集中欧美,继峰布局中国,有利于双方市场开拓
14	远景能源收购日产汽车动力电池业务 AESC	2018 年 8 月,远景能源集团宣布将控股日产汽车旗下电池业务 Automotive Energy Supply Corporation(AESC),远景将同时收购日本电气旗下的电池电极生产业务公司 NEC Energy Devices,15Ltd. 的全部股权,收购完成后,日产将拥有新公司 20% 的股权

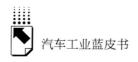

续表

序号	事件名称	事件内容
15	郑煤机收购博世启停电机和发电机业务	2016 年 10 月,博世宣布欲以 5 亿欧元的价格出售这一业务板块。交易包括启停电机、一键启停、48V 电机及一款紧凑型轿车配套的新款启停电机,但不包括新能源汽车电机板块。2015 年,德国博世的全球销售额达 706 亿欧元,而当年起动机和发电机业务板块的销售额是 12 亿欧元。消息传出后,多家私募股权公司和中国汽车零部件企业向博世表达了收购意向。最终郑煤机胜出。2018 年 1 月 3 日,郑煤机宣布完成收购,交易价格为 5.45 亿欧元
16	双星集团(青岛双星控股股东)收购锦湖轮胎	2017 年初,青岛双星开始介入锦湖轮胎重组,并凭借在中国市场的优势击败了德国大陆、法国米其林、上海航天、中国化工等 10 余家竞购者,以非价格因素而中标,并于 3 月 13 日签署了股权转让协议。不过,由于锦湖轮胎自身及外部的各种因素,2017 年 9 月 6 日青岛双星与锦湖轮胎债权人韩国产业银行宣布无责任终止协议。2018 年 3 月,韩国产业银行宣布将与青岛双星重返谈判桌。4 月 1 日,锦湖轮胎工会表决通过,同意中国青岛双星以约 6400 亿韩元(约 39 亿元人民币)的价格收购自身 45% 股份,成为锦湖轮胎的最大股东。该交易已于 2018 年 7 月 6 日成功交割

权威报告·一手数据·特色资源

皮书数据库
ANNUAL REPORT(YEARBOOK)
DATABASE

当代中国经济与社会发展高端智库平台

所获荣誉

- 2016年，入选"'十三五'国家重点电子出版物出版规划骨干工程"
- 2015年，荣获"搜索中国正能量 点赞2015""创新中国科技创新奖"
- 2013年，荣获"中国出版政府奖·网络出版物奖"提名奖
- 连续多年荣获中国数字出版博览会"数字出版·优秀品牌"奖

成为会员

通过网址www.pishu.com.cn访问皮书数据库网站或下载皮书数据库APP，进行手机号码验证或邮箱验证即可成为皮书数据库会员。

会员福利

- 已注册用户购书后可免费获赠100元皮书数据库充值卡。刮开充值卡涂层获取充值密码，登录并进入"会员中心"—"在线充值"—"充值卡充值"，充值成功即可购买和查看数据库内容。
- 会员福利最终解释权归社会科学文献出版社所有。

数据库服务热线：400-008-6695
数据库服务QQ：2475522410
数据库服务邮箱：database@ssap.cn
图书销售热线：010-59367070/7028
图书服务QQ：1265056568
图书服务邮箱：duzhe@ssap.cn

社会科学文献出版社 皮书系列
SOCIAL SCIENCES ACADEMIC PRESS (CHINA)
卡号：526745315598
密码：

基本子库
SUB DATABASE

中国社会发展数据库（下设 12 个子库）

全面整合国内外中国社会发展研究成果，汇聚独家统计数据、深度分析报告，涉及社会、人口、政治、教育、法律等 12 个领域，为了解中国社会发展动态、跟踪社会核心热点、分析社会发展趋势提供一站式资源搜索和数据分析与挖掘服务。

中国经济发展数据库（下设 12 个子库）

基于"皮书系列"中涉及中国经济发展的研究资料构建，内容涵盖宏观经济、农业经济、工业经济、产业经济等 12 个重点经济领域，为实时掌控经济运行态势、把握经济发展规律、洞察经济形势、进行经济决策提供参考和依据。

中国行业发展数据库（下设 17 个子库）

以中国国民经济行业分类为依据，覆盖金融业、旅游、医疗卫生、交通运输、能源矿产等 100 多个行业，跟踪分析国民经济相关行业市场运行状况和政策导向，汇集行业发展前沿资讯，为投资、从业及各种经济决策提供理论基础和实践指导。

中国区域发展数据库（下设 6 个子库）

对中国特定区域内的经济、社会、文化等领域现状与发展情况进行深度分析和预测，研究层级至县及县以下行政区，涉及地区、区域经济体、城市、农村等不同维度。为地方经济社会宏观态势研究、发展经验研究、案例分析提供数据服务。

中国文化传媒数据库（下设 18 个子库）

汇聚文化传媒领域专家观点、热点资讯，梳理国内外中国文化发展相关学术研究成果、一手统计数据，涵盖文化产业、新闻传播、电影娱乐、文学艺术、群众文化等 18 个重点研究领域。为文化传媒研究提供相关数据、研究报告和综合分析服务。

世界经济与国际关系数据库（下设 6 个子库）

立足"皮书系列"世界经济、国际关系相关学术资源，整合世界经济、国际政治、世界文化与科技、全球性问题、国际组织与国际法、区域研究 6 大领域研究成果，为世界经济与国际关系研究提供全方位数据分析，为决策和形势研判提供参考。

法律声明

"皮书系列"（含蓝皮书、绿皮书、黄皮书）之品牌由社会科学文献出版社最早使用并持续至今，现已被中国图书市场所熟知。"皮书系列"的相关商标已在中华人民共和国国家工商行政管理总局商标局注册，如LOGO（🔖）、皮书、Pishu、经济蓝皮书、社会蓝皮书等。"皮书系列"图书的注册商标专用权及封面设计、版式设计的著作权均为社会科学文献出版社所有。未经社会科学文献出版社书面授权许可，任何使用与"皮书系列"图书注册商标、封面设计、版式设计相同或者近似的文字、图形或其组合的行为均系侵权行为。

经作者授权，本书的专有出版权及信息网络传播权等为社会科学文献出版社享有。未经社会科学文献出版社书面授权许可，任何就本书内容的复制、发行或以数字形式进行网络传播的行为均系侵权行为。

社会科学文献出版社将通过法律途径追究上述侵权行为的法律责任，维护自身合法权益。

欢迎社会各界人士对侵犯社会科学文献出版社上述权利的侵权行为进行举报。电话：010-59367121，电子邮箱：fawubu@ssap.cn。

社会科学文献出版社